あの太平洋戦争はどうして起きたのか

十五年戦争下に生きて

松下ナミ子

桂書房

詔　書

天佑ヲ保有シ萬世一系ノ皇祚ヲ踐メル大日本帝國　天皇ハ昭ニ忠誠勇武ナル汝有衆ニ示ス

朕茲ニ米國及英國ニ對シテ戰ヲ宣ス　朕カ陸海將兵ハ全力ヲ奮テ交戰ニ從事シ朕カ百僚有司ハ勵精職務ヲ奉行シ朕カ衆庶ハ各々其ノ本分ヲ盡シ億兆一心國家ノ總力ヲ擧ケテ征戰ノ目的ヲ達成スルニ遺算ナカラムコトヲ期セヨ

抑々東亞ノ安定ヲ確保シ以テ世界ノ平和ニ寄與スルハ丕顯ナル皇祖考丕承ナル皇考ノ作述セル遠猷ニシテ朕カ拳々措カサル所而シテ列國トノ交誼ヲ篤クシ萬邦共榮ノ樂ヲ偕ニスルハ之亦帝國カ常ニ國交ノ要義ト為ス所ナリ　今ヤ不幸ニシテ米英兩國ト釁端ヲ開クニ至ル洵ニ已ムヲ得サルモノアリ　豈朕カ志ナラムヤ　中華民國政府曩ニ帝國ノ眞意ヲ解セス濫ニ事ヲ構ヘテ東亞ノ平和ヲ攪亂シ遂ニ帝國ヲシテ干戈ヲ執ルニ至ラシメ茲ニ四年有餘ヲ經タリ　幸ニ國民政府更新スルアリ　帝國ハ之ト善隣ノ誼ヲ結ヒ相提攜スルニ至レルモ重慶ニ殘存スル政權ハ米英ノ庇蔭ヲ恃ミテ兄弟尚未タ牆ニ相鬩クヲ悛メス　米英兩國ハ殘存政權ヲ支援シテ東亞ノ禍亂ヲ助長シ平和ノ美名ニ匿レテ東洋制覇ノ非望ヲ逞ウセムトス　剰ヘ與國ヲ誘ヒ帝國ノ周邊ニ於テ武備ヲ增強シテ我ニ挑戰シ更ニ帝國ノ平和的通商ニ有ラユル妨害ヲ與ヘ遂ニ經濟斷交ヲ敢テシ帝國ノ生存ニ重大ナル脅威ヲ加フ

朕ハ政府ヲシテ事態ヲ平和ノ裡ニ囘復セシメムトシ隱忍久シキニ彌リタルモ彼ハ毫モ交讓ノ精神ナク徒ニ時局ノ解決ヲ遷延セシメテ此ノ間却ツテ益々經濟上軍事上ノ脅威ヲ增大シ以テ我ヲ屈從セシメムトス　斯ノ如クニシテ推移セムカ東亞安定ニ關スル帝國積年ノ努力ハ悉ク水泡ニ歸シ帝國ノ存立亦正ニ危殆ニ瀕セリ事既ニ此ニ至ル　帝國ハ今ヤ自存自衞ノ為蹶然起ツテ一切ノ障礙ヲ破碎スルノ外ナキナリ

皇祖皇宗ノ神靈上ニ在リ　朕ハ汝有衆ノ忠誠勇武ニ信倚シ祖宗ノ遺業ヲ恢弘シ速ニ禍根ヲ芟除シテ東亞永遠ノ平和ヲ確立シ以テ帝國ノ光榮ヲ保全セムコトヲ期ス

御名御璽

昭和十六年十二月八日

各大臣副署

聖訓五箇條

一 軍人ハ忠節を盡すを本分とすへし

一 軍人ハ禮儀を正しくすへし

一 軍人ハ武勇を尚ふへし

一 軍人ハ信義を重んすへし

一 軍人ハ質素を旨とすへし

元帥海軍大将伯爵東郷平八郎謹書

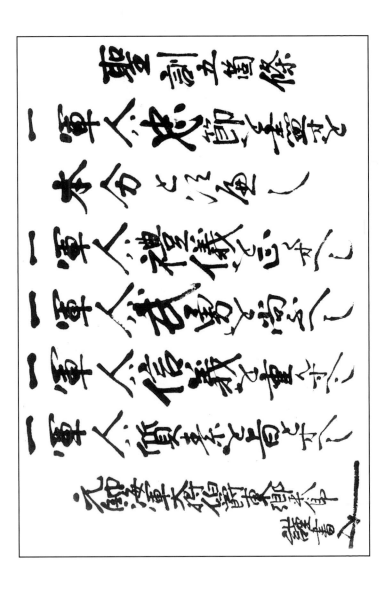

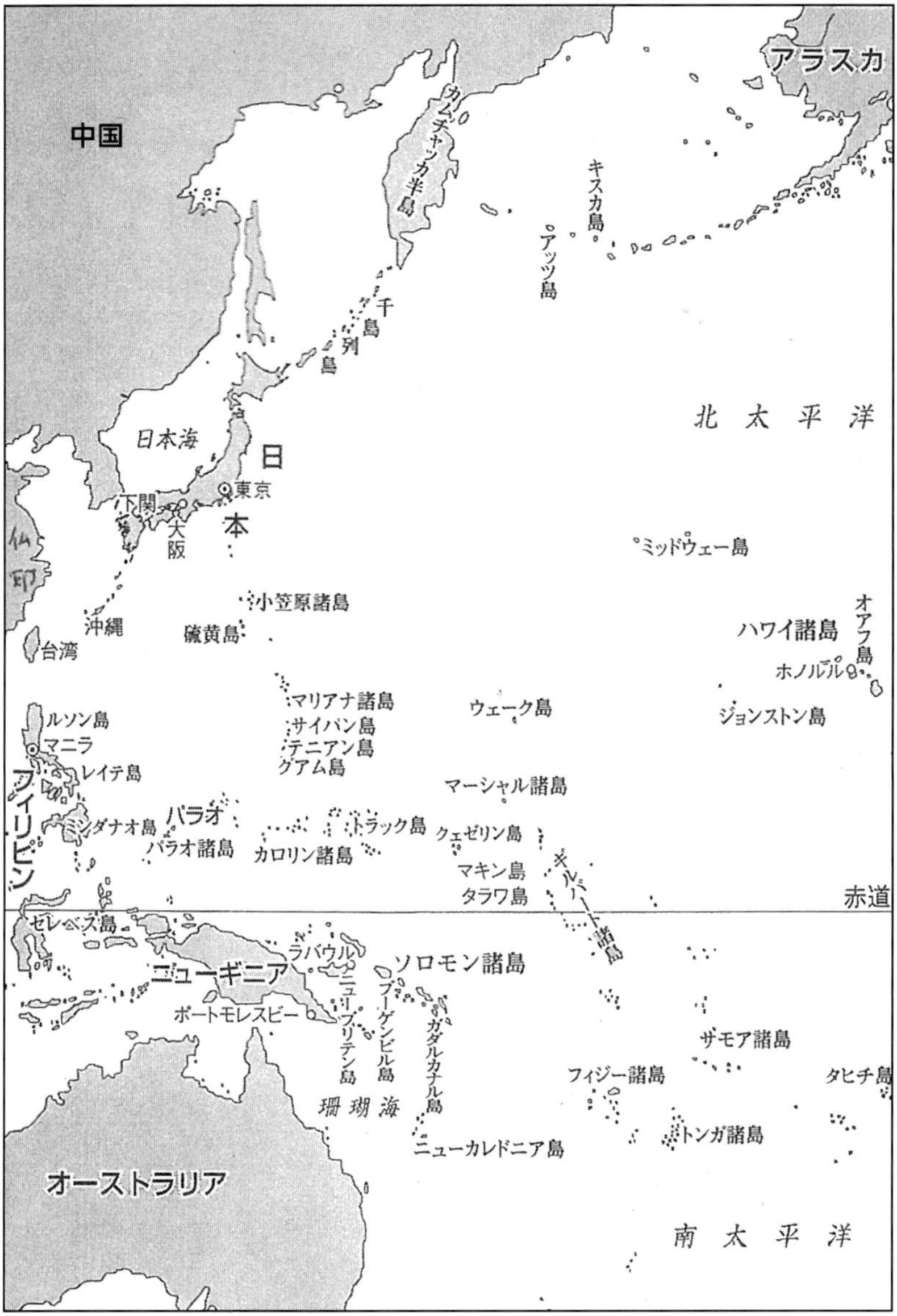

中国
カムチャツカ半島
アラスカ
キスカ島
アッツ島
千島列島
北太平洋
日本海
日本
東京
下関
大阪
仏印
ミッドウェー島
小笠原諸島
沖縄
硫黄島
台湾
ハワイ諸島
オアフ島
ホノルル
マリアナ諸島
ウェーク島
ジョンストン島
ルソン島
サイパン島
マニラ
テニアン島
グアム島
レイテ島
フィリピン
マーシャル諸島
パラオ
ミンダナオ島
トラック島
クェゼリン島
パラオ諸島
カロリン諸島
マキン島
タラワ島
ギルバート諸島
赤道
セレベス島
ラバウル
ソロモン諸島
ニューギニア
ニューブリテン島
ブーゲンビル島
ポートモレスビー
ガダルカナル島
ザモア諸島
フィジー諸島
タヒチ島
珊瑚海
トンガ諸島
ニューカレドニア島
オーストラリア
南太平洋

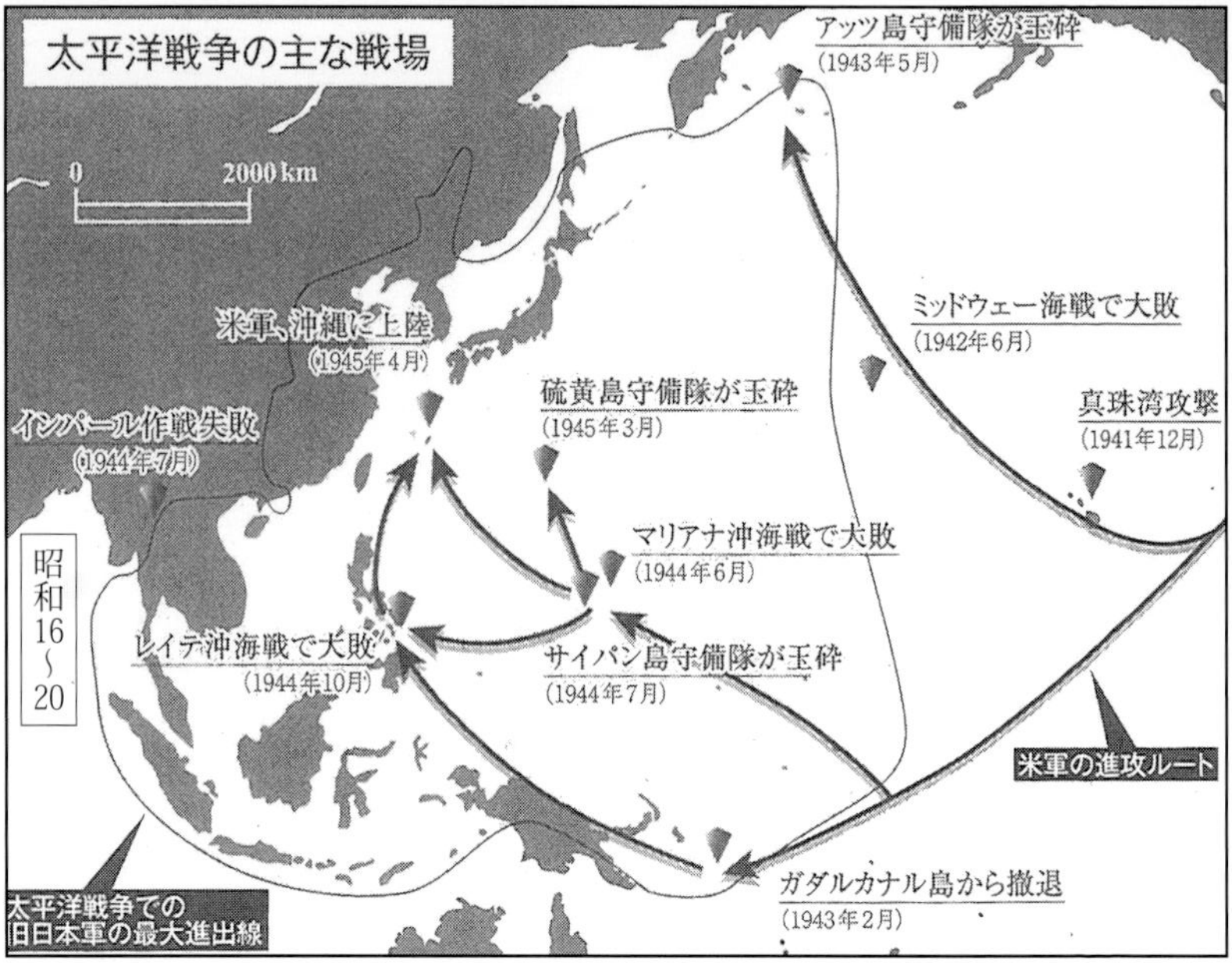

日中戦争から南方進出へ

日中戦争（ノモンハンでは）

第一次世界大戦を終えた義父秀光（呉の軍港）

太平洋戦争下砲兵であった兄三郎（満州）

ハルピン指導員訓練所（昭和17年）

満蒙開拓国の獣医師として　夫末光

昭和二〇・二一年度　五・六年生四組68名高岡市立新湊東部国民学校
（放生津小）で　B29の空襲を避けて共に防空壕に入っていた

昭和二〇年四月　兄三郎が満州から九州に転任し、
二日間の帰郷が許された日
妹美都枝（女子挺身隊）ナミ子（国民学校訓導）

昭和18年5月
富士の野戦場で

左　兄三郎（砲兵）

はじめに

今日は、二〇一七（平成29）年八月六日である。七二年前の一九四五（昭和20）年八月六日午前八時一五分、広島に原子爆弾が投下された。死者一四万人、行方不明一万人、負傷者三万人、さらに、八月九日午前一一時二分、長崎に原子爆弾が投下され七万五〇〇〇人が死亡した。

日本国民が、人類史上、世界史上、初めて原子爆弾によって殺傷された。それから七二年、「原爆投下」について、世界の国々や人々は、その立場や見地などから様々に論じているが、絶えることのない幾多の戦争が、ここまで来てしまったことは、人類生存の恐怖である。

一九四五（昭和20）年八月一四日、日本は連合国の「ポツダム宣言受諾」を決し、一五日正午、天皇の「戦争終結詔書」の放送があった。国民は日本の「無条件降伏」、敗戦を知ったのである。

戦後七二年、日本をとりまく世界情勢は、日々、民族、宗教上の争いや、利権の拡大をめぐる対立、紛争でゆれている。隣国の中国、韓国、北朝鮮、ロシアとの間に、容易に解決し難い問題があり、緊張状態が続いている。

私が小学校一年生になった一九三一（昭和６）年に「満州事変」、県立高岡高等女学校一年生入学の一九三七（昭和12）年には「日中戦争（支那事変）」、富山県女子師範学校二部、一年の一九四一（昭和16）年一二月八日に「太平洋戦争」が勃発した。「十五年戦争」下に学んだのである。

アメリカの占領政策によって、一九四七（昭和22）年四月から「新制中学」が発足し、私は高岡市立新湊東部中学校（新湊中学）の教諭となり、社会科と国語科を担当した。軍政部は日本の「軍国主義教育」を根絶するために、研究指定校（トライアウトスクール）を設けて監視した。新湊東部中学校が東海北陸六県の研究指定校となり、昭和二四年一〇月二八日、「富山民事部」のバラット隊長の視察を受けることになったが、三年Ｄ組担任の私が、学校を代表して社会科の授業をした。県の内外から約三〇〇名の参観があった。

退職後、私は県史、富山新港史、新湊市史―近現代、富山商船百年史、日本鋼管富山製造所八十年史などの中で、「太平洋戦争」下の市町村や企業、人々の生活について記述したが、当時、新湊に駐屯していた「暁部隊」副官の「陣中日誌」には、終戦半年前の戦局や「富山大空襲」の惨状が記されている。「国家総動員法」に基づいて、国民はよく耐えたと思う。

現今の日本は、内外に解決すべき多くの問題をかかえているが、世界からは、一応、「平和的な民主国家」「経済大国」とみられている。戦前、戦中に生きた私には、この「隔世の感あり」と思う日本の復活を考えるとき、敗戦と、アメリカの「占領政策」がなければ、今日があっただろうか、と思う。

日本は自身の力では「憲法改正」「華族制度の廃止」「財閥解体」「農地解放」「教育改革」などの大改革はできなかったであろう。また、第二次世界大戦後の「国際情勢」の推移、変化に影響されて発展してきた事態を確認しなければならない。

しかし、三三〇万の人命と祖先伝来の財産の大分を失った「太平洋戦争」は、日本の歴史上、実に不幸なことであった。

私は、さる七月六日、射水市立新湊中学校三年生（97名）に、「総合的な学習の時間」として、「太平洋戦争下の新湊」について五〇分話をした。生徒各自に、四〇〇字詰め原稿用紙二一枚分の資料を渡し、原稿に基づいて話をしたのだが、期待に添えなかったと反省している。

まもなく八月一五日の「終戦の日」を迎える。私は「あの太平洋戦争はどうして起きたのか」を改めて考え、小冊子にまとめて生徒に贈りたいと思う。

勿論、分に過ぎた困難なことではあるが、やはり、私なりに整理し直したものを読んで頂くことができれば有り難いと思っている。

もくじ

一、明治維新から国際連盟脱退まで

―対外的に発生した主な事件や戦争―

はじめに

明治維新（一八六八・明治元年）の開国により、政府が一貫して追求した目標は、欧米列強諸国の仲間入りをすることであった。

政府の岩倉具視一行の欧米巡行により、政府は国権の確立のために、「富国強兵」とその基礎である「文明開化」を政策として打ち出した。

しかし、「明治維新」前後の日本をとりまく世界情勢は、インドを併合して、清国を植民地化したイギリスと、沿海州を割取し、樺太、千島、カムチャッカに進出したロシアの二大強国が、二百五十年にわたる「鎖国」から醒め切らない日本に対し、南北二正面から迫ってきていた。

徳川時代末期の思想家「橋本左内」は、「日露結んで英国に対すべし」と提言したが、明治政府は「日英結んで露国に当たった」のである。

当時、韓国も清国も、国家としての自衛独立の機能に欠けるところが多かった。特に、清国は、ロシアの「満州占領」を放任し、韓国への侵略も傍観の状態であった。「開国進取」の政策発展をめざす日本は、大陸への進出をめざし、やがて国防上から「日清」「日露」の戦争を引き起こすことになった。

明治維新から「太平洋戦争」(大東亜戦争)終結(一九四五)までの七七年間(近代)において、後ればせながら世界列強の仲間入りをせんとしたが、中国(支那)、朝鮮における列強の内政干渉、領土分割、ロシアの南下政策、中国政府軍・共産軍との対立などから事件や紛争が絶えなかった。

一九三七(昭和12)年七月からの「日中戦争」(支那事変)が泥沼化し、「太平洋戦争」勃発(一九四一)となった。この近代の七十余年間における事件や戦争の主なものを挙げてみる。

一　国民皆兵の徴兵制

一八八九（明治22）年、「大日本帝国憲法」発布に伴って「徴兵令」を改正した。満一七歳より四〇歳までの男子はすべて「兵役」に服する義務、「国民皆兵の徴兵制」を定めた。一九四一（昭和16）年の「太平洋戦争」開始時の日本兵は約三八〇万人、終戦前年の一九四四（昭和19）年には約八〇〇万人、当時の日本人口（約七五〇〇万人）の一割に相当する。

二　日清戦争と三国干渉

一九世紀後半になって朝鮮王朝の衰退著しく、一八九四（明治27）年五月三一日、朝鮮の農民軍は全州を攻略した。朝鮮各地に進出し、その支配を画していた清国と日本は、治安維持のためと称して出兵した。清国は六月一二日までに、日本軍は一六日までに、約四〇〇〇の兵を朝鮮の仁川に上陸させた。

これに対して、六月二五日、英米仏露の駐韓公使は、朝鮮政府の依頼を受けて、日清両国に対し、即時「撤兵せよ」と勧告してきた。特にロシアは「南下政策」による進出から、日本に対する要求が強かった。

日本軍は九月一六日「平壌」を占領し、一七日、清国の艦隊を撃破して朝鮮西方海域の制海権を獲得した。一〇月二五日までに鴨緑江を越えて清国領土に侵攻、一八九五（明治28）年二月には、山東半島の「清国北洋艦隊」の基地を攻撃し降伏させた。

三月三〇日、清国の要求に応じて休戦となり、一八九五（明治28）年四月一七日、下関において「日清講和条約」が調印された。清国は遼東半島南半部と台湾・澎湖諸島を日本に割譲した。賠償金は二億両（約三億円）であった。

ところが、調印六日後の一八九五（明治28）年四月二三日、ロシア・フランス・ドイツの三国が、日本に「遼東半島還付」を勧告してきた。半島にある旅順、大連を日本が領有すれば、各国の中国分割が挫折するとの意図からであったが、勧告の中心は、「南下政策」を強行せんとするロシアであった。五月四日、日本政府は遼東半島の還付を決定した。

三　日英同盟の締結と廃棄

日英同盟は一九〇二（明治35）年一月三〇日、ロンドンで調印された。これは、イギリスの中国における権益、日本の中国・韓国における権益を相互に援助する約束である。極東での英露の対立、日露の対立が「日英同盟」を実現させたのであるが、日本は「日露戦争」への途をたどることになる。

二〇年後の一九二二（大正11）年七月、同盟が廃棄された。期限満了に当たり、アメリカが、「日英同盟」は東アジアにおける日本の侵略的行動を助けるものであると、主張したのである。その代わりに、「日英米仏」の四か国条約が締結され、相互に太平洋の属地、領地の権利を尊重することを約束した。

四　日露戦争

二〇世紀に入り、ロシアは「南下政策」の下に、満州の軍事上、経済上の中枢地域の盛京、吉林省一帯に軍隊を増強し続けた。「南下政策」は北朝鮮に及び、一九〇三（明治36）年四月には、鴨緑江下流一帯を占領し軍事基地とした。さらにロシアは旅順の要塞を強化した。

日本とロシアの「満韓問題」をめぐる協定はことごとく破られ、遂に、一九〇四（明治37）年二月八日、仁川・旅順の襲撃で開戦となり、一〇日に宣戦を布告した。八月一九日からの旅順の総攻撃は、第一次、第二次、第三次と失敗し、日本兵は戦意を失い、自傷者が続出した。

一二月五日、総参謀長児玉源太郎の「二〇三高地」攻略の督励により占領したが、戦闘は悲惨をきわめた。二〇三高地の占領は戦局を変え、遂に、一九〇五（明治38）年正月、旅順は開城、五日に日本の乃木軍司令官とロシアのステッセル軍司令官が中国の「水師営」で会談した。

日本軍は旅順陥落後、一九〇五（明治38）年三月一日から全兵力を挙げて奉天を攻撃したが、二五万のうち約七万の死傷者を出した。五月二七日、東郷平八郎指揮下の「連合艦隊」は日本海の対馬沖で、世界に誇るロシアの「バルチック艦隊」を撃沈した。

六月一二日、ロシアはアメリカのルーズベルト大統領の「講和勧告」を受諾し、アメリカのポーツマスで「講和会議」が開かれた。会議は困難をきわめたが、次の内容を以て決定した。

①日本の韓国保護権を承認する。②長春から旅順に至る東進鉄道南満州支線と大連湾、旅順港の租借権を譲る。③樺太の南半分を割譲する。④沿海州沿岸の漁業権を与える。

日本は、韓国支配、遼東半島の租借権、南満州鉄道を手中に収め、大陸進出の足場を獲得したが、戦争中、協力関係にあった英米と、徐々に対立を深めるようになっていった。

五　韓国併合と日米英との関係

日露戦争後の一九一〇（明治43）年八月、「韓国併合に関する条約」が結ばれ、ソウルに「朝鮮総督府」が置かれた。伊藤博文が第一代統監となった。総督府は朝鮮での軍隊を統率し、立法・司法・行政すべての権力をにぎり支配下においた。

日本は韓国併合に際し、アメリカが日本の朝鮮支配権を認めるかわりに、日本はアメリカのフィリピンへの支配権を認めること、イギリスが日本の朝鮮支配を認めるかわりに、イギリスのインド支配の安全をたすける義務を負うことを確認し、密約が結ばれた。

六　第一次世界大戦

セルビアの一民族主義者がオーストリア皇太子夫妻を暗殺した事件により、オーストリアが一九一四（大正３）年七月二八日、セルビアに宣戦した。これに対抗して、日露戦争後ふたたびバルカン半島に進出しつつあったロシアが、オーストリアに宣戦した。

ヨーロッパでは、一九世紀末から長期にわたって対立してきた、ドイツとイギリスを中心とする「三国同盟」と「三国協商」が、植民地の再分割をめざして対立していた。

オーストリア側にドイツが、ロシア側にイギリス、フランスが参加してヨーロッパに拡大した。「三国同盟」側はドイツ・オーストリア・イタリア、「三国協商」側はイギリス・フランス・ロシアである。

日本はイギリスの依頼（日英同盟）を受けて、一九一四（大正3）年八月二三日、ドイツに宣戦を布告した。日本海軍は一〇月には赤道以北のドイツ領諸島を占領し、アジアにおけるドイツ植民地すべてが日本の支配下に帰した。（義父秀光は、海軍兵として地中海でドイツと戦った。）

この大戦は一九一八（大正7）年一一月終結したが、飛行機、戦車、毒ガスなどの新兵器により、各国は莫大な人命の犠牲、武器を消耗した。多数の一般国民も犠牲となる「総力戦」となった。第一次世界大戦は、戦争の様相を一変させてしまったのである。

戦争中、各国は自己の陣営の維持強化を図るために、相互に植民地権益の分割を約束し合ったことが、現代における国家間、民族間の複雑な対立、争動の起因となった。

七　関東大震災と前後の時代

一九二三（大正12）年九月一日の正午二分まえ、相模湾西北部を震源地とするマグニチュード七・九の大地震が関東地方の南部を襲った。東京、横浜などでは大火災が起こり、被害は関東の一府六県に及んだ。

罹災者は三四〇万人、死者と行方不明者約一一万人、家屋の全焼四四万七〇〇〇余戸、全半壊それぞれ一二万戸、物的損害約四五億七〇〇〇万円。これは、大正一一年度一般会計予算額の三倍をこえる額であった。

震災直後の混乱の中で、流言がもとでの朝鮮人の殺傷、戒厳令下、治安維持をすすめる軍隊と警察によって、多くの社会主義者が検挙、拘束された。

震災前後の時代は、国内では、第一次世界大戦後の労働運動、農民運動、部落解放運動などが激化し、対外的には、ロシアの「コミンテルン」（社会主義運動の国際組織）活動による東アジア侵攻、中国、朝鮮の民族開放運動の激化、アメリカの「排日移民法」（一九二四―大正13、七月一日実施）による日本人の排斥など、内外ともに激動する不安な情勢、事態につつまれていた。

ことに、アメリカの「排日移民法」は、日本の反米風潮を高め、太平洋をはさんで日米関係が徐々に不吉な暗雲に覆われていった。

八　世界恐慌の勃発

第一次世界大戦時、「三国協商」側（イギリス・フランス・ロシア）に参加した日本・イタリア・アメリカ・中国は、大戦に勝利し、経済の発展に努めたが、特にアメリカは新しい生産技術と合理化により、その工業生産力は世界の五割、金保有量は資本主義世界の六割に達した。一時は、資本主義の「永久繁栄」か、ともうたわれた。

しかし、一九二九（昭和4）年一〇月二四日の、ニューヨーク株式取引所の「株の大暴落」に発して、以降、四年間にわたって「世界資本主義」は、史上最も深刻な「恐慌」にみまわれた。一九三三年の最低点では、世界の工業生産は恐慌前の四割、貿易額は六割五分も激減した。とくにアメリカでは、工業生産二分の一、貿易額は三分の一に低下した。

日本では、一九二九年から三一年にかけて輸出四一％、輸入四四％の大幅な減少にみまわれ、物価は三〇％以上低下した。また、普通銀行七七四行中、五八行が休行に追い込まれた。一九三〇年の失業者は約三〇〇万に達し、企業倒産、賃金不払いなどによって自殺、夜逃げなど、悲惨な状況が続いた。

世界恐慌の影響は、その後の「世界資本主義」に一大転換をもたらした。それまでの「国際本位制」が廃止され、世界の主要資本主義国は、一九三〇年半ばごろまでには「管理通貨制」に移行した。わが国では一九四一年から採用された。これにより、財務をテコにして、国が経済過程へ深く介入するようになり、国際的貿易戦、為替戦が続出し、これが必然的にファシズム（対外的には侵略政策をとる）の台頭となり、やがて第二次世界大戦を引き起こすことになったと考えられる。

九　満州事変と満州帝国建設

一九三〇（昭和５）年五月、中国の国民政府は、「新鉱業法」を制定して、日本人の土地商組と鉱業権を制限した。また、当時、満州の激しい農業恐慌などによって、日本の満蒙支配の動脈であった「満鉄」が営業不振に陥っていた。

満蒙問題が重大化するにつれ、現地の日本の「関東軍」は、満蒙の武力占領を計画した。政府の「内先外後」の主義に対して、軍部の一部が一九三一（昭和6）年三月、議会を占拠して「軍部内閣」を樹立せんとするクーデターを起こしたが失敗に終わった。この後、日本の「関東軍」を中心とする「満蒙武力占領」の準備が加速化していった。

一九三一年六月、満州の長春近郊で、中国人と朝鮮の農民による殺傷事件が発生し、朝鮮各地で中国人排斥暴動が多発した。これが、中国の「排日気運」を一層高めることになった。

九月一八日午後一〇時二〇分頃、「関東軍奉天独立守備隊」が、奉天郊外の「柳条溝」付近の満鉄線路に、爆薬をしかけて点火した。これに対し、政府は一九日朝の緊急閣議で、「事変の不拡大」を決定し、繰り返し指令を発したが、「関東軍」の侵攻を止めることができなかった。

日本軍は一九三二年（昭和7）年二月五日、北満の要地「ハルピン」を占領、事件発生以来五か月で、満州全域が日本の軍事占領下におかれた。

当時、「蒋介石の国民政府軍」は、共産軍に対する第三次包囲作戦に主力を注いでいたので、日本との交戦を回避したが、一九三一年九月二一日、「満州問題」を国際連盟に提訴した。ソ連は、一九二八（昭和3）年以来、「第一次五か年計画」の達成に全力をあげており、満州事変には不干渉であった。欧米列強は、世界恐慌の対策に忙殺されていたので、日本の行動に対処する余力はなかった。

一九三三（昭和8）年三月一日、「張景恵東北行政委員長」の名において、「満州国」の建国宣言が公布された。この「建国宣言」は、「関東軍」の建国理念の五族（満・蒙・漢・鮮・日）協和の「王道楽土」の建設を以て宣布された。

日本は満州国に多くの国民を送り、一九三四年三月から「帝政」を実施し、「満州国統治」の実権を確立した。これに対し、中国は六月、「東北人民革命軍」を結成して、「抗日統一戦線」の形成、強化を図り、日本に対抗し続けることになった。

満州事変をめぐる政府と軍部急進派との対立から、一九三二（昭和7）年五月一五日に、首相犬養毅（政友会）が、海軍の青年将校らに射殺された（五・一五事件）。軍部の「政党内閣廃止」の威圧によって、一九二四（大正13）年に始まった「政党内閣」は、八年で終わったのである。

一〇　国際連盟脱退と国際的孤立

一九三二（昭和7）年四月、満州事変について、連盟のリットン調査団の現地調査があり、一〇月二日、調査団の報告書が公表された。一一月二一日から連盟理事会の審議が始まり、連盟の一九人委員会は二月一四日、英・仏・独など九か国の「満州国不承認案」を全会一致で可決した。そして二月二四日、総会において、一九人委員会の報告書を審議し採決した。賛成四二、反対一（日本）、棄権一（シャム）（タイ国の旧称）。

日本代表の松岡洋右は他の代表とともに退場した。三月二七日、日本政府は正式に「脱退」を通告した。日本は、国際的に孤立化の道をたどることになった。

おわりに

十九世紀後半、明治維新以降の日本の歴史の概略の一端をみてきたが、改めて日本をとりまく世界情勢を考えてみれば、アジアは、欧米の植民勢力による分割に直面していた。

二十世紀初め、日本が、強力な海軍をもつ植民帝国である英国と同盟を結んだことで、日本の大陸進出に大きな勢力、自信が生まれたと考えられる。

満州事変に至って、日本全体に一種の気運があった。それは、日露戦争で大きな犠牲を払って手に入れた権益は、守り抜かなければならないという、総意のようなものができていた。

このため、軍の行動に対して、反対しにくくなっていた。軍にも、国のためなら許されるという、政府の政策を変えてしまうという、無法的な状態が多くなっていった。日清、日露の戦争を経て、当時、五大国の一つになった、という自負から生まれたものと考えられる。

これに対して、中国の「満州の権益を返せ」という、反日、抗戦の事件が増発し、「日中戦争」へと進んでいった。また、アジアにおける欧米の植民地政策とも対立することになった。

二、「日中戦争」から「太平洋戦争」勃発まで

―「南方進出策」と日米交渉―

はじめに

一九三七（昭和12）年六月四日、貴族院議長の近衛文麿（藤原道長の直系）が内閣総理大臣となった。近衛はかねてから、世界の列強が植民地を独占していることに対して、後進国が現状を打破し、資源の再分割を要求するのは当然であると考えていた。また、「国際連盟」にも不信感を持っていた。

当時、英・米・ソのブロック経済に封鎖状態になっていた日本は、持たざる国として、民族の生存権を確保するために、大陸へ進出することは当然であると、近衛は考えていた。

日本は、国土狭小、資源貧弱、人口過多など、国家存立上の問題から、政府の

みならず、国民も、「大陸発展」への意欲は強かった。

満州事変以来、政界、軍部内の対立などから、軍部による「五・一五事件」「二・二六事件」が起きたが、これに対応する政府は、以前として、軍部の行動を追認する事態となっていることに対して、近衛内閣にこの政局打開を期待した。

近衛は、国内の対立相剋の緩和、国際正義に基づく世界平和の確立の政策を打ち出して発足した。

以後、一九四一（昭和16）年までの日米開戦に至る決定的な時機に、二年一〇か月（第一次～第三次）、国政を担当したのである。その間、「日中戦争」の拡大、「南方進出」「日独伊三国同盟」の締結など、「太平洋戦争勃発」への道をたどることになった。

一　日中戦争（支那事変）の勃発

近衛内閣成立一か月後の一九三七（昭和12）年七月七日夜、中国の北平郊外の盧溝橋で、日中両軍が衝突した。事件は、以後八年にわたって、中国大陸を戦場と化し、長期にわたって泥沼化した「日中戦争（支那事変）」は、やがて「太平洋戦争」の勃発となった。

日本は、一九〇一（明治34）年の「北清事変」以後、北平周辺に約四〇〇〇の支那駐屯軍を配置していた。その日本軍の夜間演習中、中国軍から数発の実弾射撃を受け、約五〇名の死傷者を出した。事態の悪化、拡大を予想した日本軍は、平津地区在留日本人約一万二〇〇〇の保護のために、七月一〇日、華北に五個師団（約五万人）の兵力を派遣した。

日本政府は「国民政府」に対し、事件の地方的解決を要求し、七月一一日「現地停戦協定」に調印し、北上した中国中央軍の原状復帰を要求したが、一九日、国民政府は、「中国の軍事行動は自衛的措置にして要求は容認できず」と、回答してきた。

八月に入り、日本は上海陸戦隊の増強を急ぎ、「国民政府」は最精鋭六個師団を上海周辺に配置した。一三日夕刻から上海で激戦となり、九月二日、名称を「北支事変」から「支那事変」と改称し、全面的な「日中戦争」の開始となった

（宣戦布告せずに起きた戦争を事変とした）。

一九三八（昭和13）年五月の徐州会戦、八月の漢口進撃、武漢、広東占領直後、近衛首相は一一月三日、「日本の戦争目的は東亜永遠の安全を確保する新秩序の建設にある」と発表した。日本は占拠地における政治、経済の支配権はほぼ確立したが、各地の臨時政府は機能しなかった。

そして、一九三八（昭和13）年一〇月、中国共産党の「毛沢東」は、「抗日戦勝利への唯一の道は、全民族の団結である」として、「国民党」との長期合作によって、「対日戦」を遂行する決意を表明した。共産軍は華北一帯に進出し、日本軍は度々包囲され苦戦した。

日本軍の占領地はきわめて広大な地域にわたったが、事実上確保しているのは、主要都市とそれを結ぶ鉄道線が大部分であった。占領地の経営は、治安の不良、生産財の不足、通貨の不安定などの理由で進まなかった。政府は、国民党副総裁の「汪兆銘」の擁立を図って努めたが失敗に終わった。

一九三九（昭和14）年、日本軍は天津の英仏租界を封鎖し、日本の経済工作に同調させようとしたが、七月、アメリカが「日米通商航海条約」を廃棄したので失敗に終わった。

日本は、日中戦争開始以来、アメリカから原油・屑鉄・機械類など、戦争遂行に必要な物資を大量に輸入していたので、「通商条約」の廃棄は大きな衝撃であった。

一九三九（昭和14）年九月、ヨーロッパで「第二次世界大戦」が勃発した。「大本営」は、「日中戦争」の迅速な処理を図って、新たに支那派遣軍を編成した。しかし、一二月から翌一九四〇年の一月にかけて、漢口奪還をめざす「国民政府軍」の強い反撃を受け苦戦した。日本は軍事的にも経済的にも行き詰まり、泥沼戦争となっていった。

一九四〇（昭和15）年二月の第七五帝国議会で、「戦争終結」をめぐって対決したが、「聖戦を続ける」ことを決した。

二　国家総動員法の制定

政府は戦局を乗り切るために「国家総動員法案」を議会に提出したが、法案は無修正で議会を通過し、一九三八（昭和13）年四月一日公布、五月五日から施行された。

「国家総動員法」は、国民経済と国民生活のすべてを、政府統制のもとにおき、法に基づく多くの勅令によって、国民が厳しく監視されるようになった。国民の徴用、労務の需給調整、物資の需給調整、資金の需給調整、事業設備の統制、物価統制、出版の統制など、国民は日常生活の細部にいたるまで、統制と監視を受けるようになった。

政府は命令、規定に違反した者に対する罰則を設けて、厳しく取り締まった。

三　国民生活の窮乏

戦争の長期化による莫大な軍事費の調達から、政府は「公債」を乱発した。物資の不足から物価がどんどん上昇し、インフレが進行した。物価の上昇をおさえ、需給の調整を図るために、「配給切符制度」が実施された。

一九三九（昭和14）年末以降、統制をうける生活必需品が急増し、木炭・マッチ・麦類・米・砂糖・青果物・魚介類・食肉・味噌・醤油他、対象物品が増えていった。

一九四一（昭和16）年四月一日からは米の通帳による割当制が行われ、大人一日一人、二合三勺（三三〇グラム）と決められた。

町には、「欲しがりません、勝つまでは」「ぜいたくは敵だ」の標語が大々的に掲示され、学校でも指導の重要事項として、その徹底に努めた。長髪・指環など華美とされた服飾品は禁止され、国民の日常生活は拘束され、窮乏して行った。

四　第二次世界大戦の勃発と日本

一九三九（昭和14）年九月三日に「第二次世界大戦」が勃発した。政府は外相に、親米派の野村吉三郎海軍大将を起用し、「日米通商航海条約」の暫定協定の締結を図ったが、失敗に終わった。野村外相の努力にもかかわらず、日米関係が悪化していった大きな原因は、日本が従来からの「中国政策」を転換しなかったことにある。

政局を打開せんとする日本では、「日中戦争」勃発以来の三年間に、数回、首相が交代したが、「中国政策」は動揺し続けた。

一九四〇（昭和15）年四月以降、ドイツの西部戦線の圧勝を契機に、軍部による「南進論」が高まり、「蘭印」への経済進出が企てられた。これに対して、議会では「反軍演説」に対しての事件も起きたが、親軍派政党人によって「聖戦貫徹議員連盟」が結成され、この動きは、第三次近衛内閣の「新体制運動」に発展し、政党の解体へと進んだ。

六月のフランスの対独降伏は、軍部の「日独伊三国同盟論」を決定的なものとし、「軍部大臣現役武官制」を利用して、遂に、一九三九（昭和14）年二月、「南進論」の実行により「海南島」を占領した。この華南沿岸の封鎖によって「太平洋戦争」勃発へと進んで行った。

五　ノモンハン事件

「満州国」が成立した一九三二（昭和7）年三月ごろから、ソ連は極東軍を増強し、「関東軍」の国境守備隊との紛争が相次いだ。その件数は、一九三一年九月から三四年末までに一五二件、三五年には一三六件、三六年には二〇三件と、増発して行った。

朝鮮・満州・ソ連が接する沿海州の豆満江下流付近は、国境線が不明確で、従来から日ソ両国の主張が対立していた。

一九三八（昭和13）年七月三日、関東軍の一師団が独断でソ連軍を攻撃したが、ソ連軍機械化部隊の逆襲にあい、戦死五二六名、負傷者九一四名という大打撃をうけて敗退した。

一九三九（昭和14）年五月一一日、満州と外蒙との国境に近い「ノモンハン」で、関東軍と外蒙軍が対立し、ソ連軍が参戦、日本軍は大損害をこうむった。

七月一日、関東軍は、歩兵一三大隊（約五〇〇〇人）、対戦車火器一一二門、戦車七〇輌、自動車約四〇〇輌、飛行機一八〇機、総兵約一万五〇〇〇人の大部

隊によって、総攻撃を開始した。七月二三日、「関東軍」は新たな部隊を投入したが、ソ連の機械化部隊による火力と、物資補給力に太刀打ちできなかった。日本の「戦車」は鋼板が薄く、操縦が難しかった。

ソ連軍は、八月二〇日から猛烈な砲爆撃のもとに大攻勢を開始、関東軍はさらに部隊を投入して反撃したが、八月末までに日本軍は全滅に近い大打撃をうけた。現地から大本営に戦車の改良を要望したが、実現しなかった。

政府はソ連に停戦を申し入れ、一九三九（昭和14）年九月一五日、モスクワで「停戦協定」に調印した。日本の全参戦兵力約五万六〇〇〇名、うち戦死者八四四〇名、負傷者八七六六名、死傷率、実に三二％であった。精鋭を自負していた「関東軍」も、火力と機動力では、「ソ連極東軍」に遠く及ばないことを知った。

六　三国同盟の締結

一九三六（昭和11）年一一月締結された「日独防共協定」を、軍事同盟に発展させようとする政府の主張もあったが、一九三九（昭和14）年八月、「独ソ不可侵条約」の締結によって一時挫折していた。

ところが、一九四〇（昭和15）年四月に入って、ドイツ軍が、デンマーク・ノルウェー、五月から六月にかけてオランダ・ベルギー・フランスを相次いで降伏させ、イタリアがドイツ側にたって参戦し、ヨーロッパの戦局が急転した。

日本では、陸軍を中心とする「南進論」「日独伊提携論」が強調され、一九四〇（昭和15）年九月二七日、「三国同盟」条約がベルリンで調印された。

条約の主な内容は、①日本は独伊の欧州における新秩序建設に関し、指導的地位を認めこれを尊重する。②独伊は日本の大東亜における新秩序建設に関し指導的地位を認めこれを尊重する。③三国は前記の方針に基づく努力につき相互に協力すべきことを約す。④三締約国中、いずれかの一国が、現に欧州戦争または日支紛争に参入していない一国によって攻撃せられたるときは、三国はあらゆる政治的・経済的・軍事的方法によって、相互に援助すべきことを約す。⑤ソ連は本条約の対象から除外する。⑥有効期間は一〇年とする。

ここに、先進資本主義列強は、「日独伊枢軸」と反枢軸の「米英仏蘭」の二大陣営によって覇権を争うことになった。「三国同盟」は、「日中戦争」と「ヨーロッパ戦争」を一つに結びつける決定的な契機となった、と言える。

七　町内会・部落会・隣組

日中戦争勃発後、「国民精神総動員運動」が開始され、活動の日常化を図るために、政府は町内会の組織化にのり出し、徳川時代の五人組制度にならい、町内会、部落会のなかに「隣組」が組織された。

一〇戸内外による「隣組」が理想とされたのは、防空演習の折りの消火活動に適しているからというのが、主な理由であった。

一九三九（昭和14）年末以降、多くの生活必需品が配給制となり、それらが町内会、部落会、隣組を通じて行われるようになった。

一九四〇（昭和15）年九月一一日、内務省は「部落会町内会等整備要綱」を発表し、「国策を汎く国民に透徹せしめ国政万般の円滑なる運用を図る」、あわせて

「国民経済の地域的統制単位として統制経済の運用と国民生活の安定上必要なる機能を発揮せしむること」とし、常会を設置した。

町内会、部落会は行政の補助機関として、「上意下達」の役目を果たすことになった。また、住民相互の教化向上を図るとともに、住民相互に日常生活を監視させたのである。

八　教育の軍国主義化

日中戦争の開始は、教育の軍国主義化に拍車をかけることになった。文部省は一九三七（昭和12）年五月、『国体の本義』を発行して、教育の思想統制を強化する方針を打ち出した。

一九三八（昭和13）年一月、文部省は『国民精神総動員と学校教育』という指導書を発行して、「国体尊重」の精神を高揚するための指導や行事を、第一義とするよう指導した。

さらに政府は、一九三八（昭和13）年一一月、「東亜新秩序建設」の声明を発表した。その理念は、「日満支三国が中心となり、共産主義の脅威と英米帝国主義による植民地支配から東亜の諸民族を解放し、東亜新秩序を建設すること」であった。すなわち「大東亜共栄圏」の建設である。「太平洋戦争」を、日本は「大東亜戦争」と称したのも、この理念によるものである。

戦争の長期化に伴い、学校教育体制の再編成が行われ、一九四一（昭和16）年四月一日から小学校は「国民学校」となり、初等科（六年）と高等科（二年）と定められた。

国民学校令第一条には、「皇国ノ道ニ則リテ初等普通教育ヲ施シ国民ノ基礎的錬成ヲ為ス」とあり、初等科の教科と科目は、国民科（修身・国語・国史・地理）、理数科（算数・理科）、体錬科（体操・武道）、芸能科（音楽・習字・図画・工作・裁縫・家事）となり、高等科はその上に、実業科（農業・工業・商業・水産）が増科された。

文部省は、一九四一年に『臣民の道』を発行して、全校挙げて「少国民錬成の道場」とすることを要望した。

「太平洋戦争」が開始されると、戦力、労働力確保のために、一九四二（昭和17）年度から、実業専門学校以上は六か月短縮の九月卒業となり、一九四三（昭和18）年度から、大学予科と高等学校高等科の修業年限が三年から二年となった。中等学校の修業年限も五年から四年に短縮された。

学生の勤労奉仕は一九三八（昭和13）年から開始されていたが、一九四三（昭和18）年から一年の三分の一が義務づけられ、一九四四年からは、中等学校上級以上の「通年動員」が決定された。

一九四四（昭和19）年六月、政府は国民学校三〜六年児童の疎開を決定した。一九四五（昭和20）年三月には、その数、四五万人と推定された。

何よりも、一九四三（昭和18）年一二月から「学徒出陣」が開始され、多くの若い命が戦場に散っていったことを、忘れてはならない。

九　日中戦争の行きづまり

一九四〇（昭和15）年三月、日本は、南京に「汪兆銘」を主席とする「国民政府」を樹立し、「日中戦争」の政治的解決を図った。しかし、このことは、「中国の独立と自由を売り渡すもの」として、全く、中国民衆の支持を受けることができなかった。新政府樹立に期待をかけたが、かえって中国との「和平の道」を遠ざけてしまった。

一九四〇（昭和15）年三月から、重慶の「蔣介石」の国民政府との「和平工作」を進めたが失敗に終わった。その後、第二次内閣を組織した近衛首相も、一九四〇（昭和15）年八月以来、「国民政府」との接触を求めたが、成功しなかった。国民政府との「和平」は絶望的になってしまった。

当時、中国戦線では、百万近い大軍が日夜戦闘を続けており、占領地の治安は悪化する一方であった。「日中戦争」の終結は、「全面的に撤兵する」以外に道はなかった。しかし、日本は開戦以来の莫大な犠牲を無にすることができなかった。解決できない「日中戦争」を、ヨーロッパの戦局の推移に便乗して解決しようとしたのが「南方進出策」であった。「日中戦争の行きづまり」が、「太平洋戦争開戦」へと進んだのである。

一〇　日米交渉の開始と日ソ中立条約

日本は、「日中戦争」の行きづまりから「南進策」をとり、「海南島」を占拠し、「北部仏印」へ進駐したことから、日米関係がさらに悪化した。一九四一(昭和16)年二月、親米派の野村吉三郎海軍大将が駐米大使として、ルーズベルト大統領、ハル国務長官と折衝を開始した。

ハル国務長官は「四原則」を主張し続けたので、妥結の可能性はなかった。その「四原則」とは、①全ての国家の領土と主権の尊重、②内政不干渉、③通商上の機会均等を含む平等原則、④太平洋の現状維持、である。

一方、松岡洋右外相は、一九四一(昭和16)年三月末から四月にかけて、ヒットラーとイタリアのムッソリーニに会見。特に、ヒットラーとは、シンガポール攻略と世界分割について話し合った。

引き続き松岡はモスクワにとび、日ソ関係の調整のために、四月一三日、「日ソ中立条約」に調印した。主たる目的は、日本が南方進出期間、北方方面の安全を期するためであった。

このとき、ソ連はドイツとの戦争の危機の切迫していることを感じ、日本との「中立関係維持」を望んだのである。松岡も政府も、独ソ戦の気配を感じることができなかった。

一九四一（昭和16）年五月一二日、日本の「大本営政府連絡懇談会」は、アメリカに対して三条件を提案した。それは、①アメリカは中国から手を引くこと、②日本は「三国同盟」を厳守する、③日本の南方進出について干渉しないこと、であった。

アメリカは、一九四一（昭和16）年二月、ハル国務長官の主張した「四原則」を修正した、正式の対案を野村大使に手交した。それは、一九四一年六月二一日、独ソ開戦の前日であった。

日米の交わることのない主張の繰り返しであった。

おわりに

日本の「五族協和による王道楽土建設」を理想とする「大陸進出政策」は、中国ばかりでなく、アメリカによっても否定され、事件、戦争を引き起こした。国家、国民挙げて尽力したが、日本の「大陸政策」は、その限界、方法、節度のプロセスにおいて、「世界情勢を読み切れなかった」「軍事力を信じ過ぎた」というか、賢明でなかった、と、言わざるを得ない。

多くの筆者、作家の記述によれば、「満州事変」は、万里の長城の「山海関」を越えたが故に「支那事変」が起こり、そして、「仏印」国境の「鎮南関」を越えたが故に「太平洋戦争」勃発に至ったと、述べている。

また、日本の不用意な「北支工作」が「日中戦争（支那事変）」を誘発し、洞察を欠いた「北部仏印進駐」、続く「南部仏印進駐」が「太平洋戦争」への悲劇の扉を開いた、と記している。

三、太平洋戦争はなぜ長引いたのか

―戦線の拡大「和平工作」の低迷―

はじめに

一九三七（昭和12）年七月開戦となった「日中戦争」は、開戦五年めに至り、収拾のつかない行き詰まりの事態となっていた。

莫大な消耗戦での最大の問題は、石油の備蓄状態であった。石油のストックが一日一日と減ってゆくことに、特に、海軍は「南進論」を主張した。

陸海軍は、先ず、南支那海の中心であるシンガポールを爆撃圏内に置くことのできる「南部仏印」に進駐した。一九四一（昭和16）年七月三日からサイゴンをはじめとする南部仏印の要地に進出し、飛行場の建設、陸海軍基地の設定に着手した。

「南部仏印進駐」に対して、一九四一（昭和16）年八月一日、アメリカは、対日航空機用ガソリンの輸出を禁止した。蘭印も日本との石油協定を停止した。

第三次近衛内閣は、一九四一（昭和16）年八月二六日、近衛首相自ら、ルーズベルト大統領に、「太平洋上での会談」を希望するメッセージを送ったが、ルーズベルトは、アメリカが一九四一年六月二一日提案の「四原則」に、日本が同意しない限り会談に応じられないと回答してきた。

一九四一（昭和16）年九月六日の「御前会議」で、「帝国国策遂行要領」が正式に決定された。「①帝国は自存自栄を全うするため、対米（英蘭）戦争を辞せざる決意の下に概ね十月下旬を目途とし戦争準備を完整す。②要求貫徹のための外交交渉を引きつづき行う。③前号外交交渉により十月上旬ごろに至るもなお我が要求を貫徹し得る目途なき場合においては直ちに対米（英蘭）開戦を決意す」。

近衛内閣は、この「御前会議の決定」によって「日米開戦」を決した。

海軍は陸軍の南方攻略作戦に協力するとともに、航空母艦を主とする機動部隊で、ハワイの真珠湾を攻撃する計画を立て、訓練と準備を進めた。軍部は、日米の国力、兵力の格差が年々大きくなることから、開戦を急いだ。

そして、一九四一（昭和16）年一二月八日未明、遂に、連合艦隊司令長官山本五十六の計画による、「真珠湾の奇襲」によって「太平洋戦争」が勃発した。予想以上の成功に、軍部も国民も有頂天になり、相手を軽視し、反抗に対する備えを怠ってしまった。

戦争は、終わりが難しい。一国が、自分だけで、「これで終わりにしましょう、してください」とは、できない。戦域を拡大し、長期化すれば、行き詰まる。そのとき、国際社会の中で、真の理解者、支援者がいるか、どうかである。その時代により、事態の発生、推移は異なるが、あの「ナポレオン」のこと、「ヒットラー」のことを考えてみれば、うなずけると思う。

「太平洋戦争」は、仲裁国のない無制限戦争となり、無残な結果に終わった。

一　真珠湾の攻撃

一九四一（昭和16）年一二月八日午前三時二〇分、連合艦隊司令長官山本

五十六の計画により、ハワイ真珠湾のアメリカの海軍基地を奇襲した。連合艦隊は、大型航空母艦六隻を主力とする機動部隊をもって、千島の単冠（シムカップ）湾を出発し、北方航路からハワイに接近し空襲を開始した。

奇襲は完全に成功し、航空攻撃で、真珠湾に停泊中の米主力艦隊四隻等が重大な損害をうけて行動不能となった。また、ハワイの米航空兵が約三〇〇〇人死傷した。湾周辺の飛行場も破壊した。

日本軍飛行機の損害、人的被害は僅少であったが、開戦前にアメリカへ渡すはずの「開戦通告書」の手交を遅延させてしまった。外務省が電報で送った「開戦通告」（宣戦布告）を、在米日本大使館で正式文書にタイプするのに手間どり、真珠湾攻撃開始より五五分も遅れてしまった。アメリカは国の内外に、「日本は卑怯なだまし討ちをした」と、宣伝した。

二　南方地域の占領

真珠湾空襲に先立ってシンガポール攻略をめざす陸軍は、南部タイの英領のコタバルに上陸、英軍の激しい抵抗をうけたが作戦は順調に進み、一九四一（昭和16）年一二月一〇日、英東洋艦隊のプリンス・オブ・ウェールズとレパルスを撃沈した。

フィリピンに対しては、陸海軍の航空隊が先制空襲を行った。米比軍は決戦を避けて、マニラ湾のコレヒドール島とバターン半島に撤退した。

一九四一年末の初戦時は、連合国側の兵備の不十分さと、連合国の戦争計画が、ヨーロッパに重点がおかれていたことなどで、日本軍は計画以上に、短期間に進撃した。

一九四二（昭和17）年二月一五日、シンガポールが陥落したが、英軍の半数以上はインド兵であった。

一九四二（昭和17）年五月一日、ビルマ北部のマンダレーを占領した。また、西太平洋においては、グアム島、ウェーク島、さらに、ビスマルク諸島のラバウルを占領した。

開戦以来、約半年間で、西太平洋から東南アジア、ビルマにわたる広大な地域が、日本軍の占領下に置かれたのである。日本軍は予想以上の成功を真の実力と考え、連合国側、特にアメリカの反攻に対する備えを怠った。

また、日本軍は、南方の資源獲得を目的としながら、それらを本国に送って、国力に資するという配慮に欠けていた。輸送船の都合上とも言うが。

一九四二（昭和17）年三月七日、「大本営政府連絡会議」は、初期作戦の成功から、既得の戦果の拡充を図って、「南太平洋進攻」の作戦計画をたてたが、四月一八日の米軍機の「本土空襲」を契機に、「ミッドウェー作戦」が計画され、以後、戦局は坂を転げるように逆転して行った。

三　大政翼賛会の結成

一九四二（昭和17）年二月一八日、東条内閣は「大東亜戦争翼賛選挙貫徹運動基本要綱」を決定した。「大東亜戦争」の完遂を目標として、清新強力なる翼賛議会の確立を期する目的のもとに、国民の戦意を高揚する「挙国国民運動」であった。一国一党政治を画した。

政府は、「翼賛政治体制協議会」を結成して、全国の推薦候補の人選にとりかかった。最終的には議員定数いっぱいの四六六名を選んだ。

総選挙立候補締切日までに、立候補は「推薦候補者」を含め一〇七九名となり、「普選施行」以来の最高となった。総選挙は四月三〇日に行われ、投票率は八三・二％であった。当選者四四六名のうち、推薦候補者は三八一名で、当選者の八一・八％に達した。

選挙運動の期間中、非推薦候補に対して、政府や軍部、関係組織などからの様々な干渉がなされた。

四　言論・文化統制

日中戦争以降の総力戦体制下において、言論・文化統制が強化され、一九四〇(昭和15)年一二月、「内閣情報局」が設置された。

一九四一年一月に、「国家総動員法」に基づく「新聞紙等掲載制限令」、三月には「国防保安令」が公布され、情報局による言論、出版の編集内容に対する干渉、弾圧が強められていった。

一九四三（昭和18）年三月、情報局の指導に基づき「日本出版文化協会」が設立され、出版用紙の割り当て、出版内容の干渉を行った。一九四四年五月までに、書籍出版社数、雑誌数、ともに約一〇分の一に削減されてしまった。言論、思想にとどまらず、芸術、娯楽など、全ての分野にわたって、統制、画一化が進んだ。

政府は、あらゆる情報を利用して、「太平洋戦争」は、「米英の利己的世界制覇の野望に対する日本の自衛のための戦争である」と強調した。

五　学徒勤労動員と女子挺身隊

長期化する戦争、広大な戦場、戦闘員の連続的な召集により、国内における労働力不足が深刻化した。政府は、特に、軍需および時局産業への労働力確保のために、「国民徴用令」を公布した。

「徴用令」がくれば、政府の指定する職場で、家を離れ、命令に服しての労働であった。徴兵の「赤紙召集」に対して「白紙召集」と呼ばれた。一九四三（昭和18）年をピークに「徴用工」も不足を来たし、若年労働力と女子労働力の活用を期し、一九四一（昭和16）年一一月、「国民勤労報国協力令」が公布され、「学校勤労報国隊」が結成された。

一九四三（昭和18）年六月、「学徒戦時動員体制確立要綱」が決定され、大学・高専・青年学校の学徒は、授業を中止して軍需工場で兵器生産に従事した。一九四四年七月から、国民学校高等科、中学校低学年も動員され、県内の軍需工場や応召兵の農家などで勤労奉仕に従事した。

総力戦体制の強化は、「学徒動員」のみならず、家庭にあった婦女子も軍需工場へ駆り出され、指令により従事した。

一九四三（昭和18）年九月、一七業種への男子の就業が禁止、または制限され、女性が代わることになった。主として、事務・通信・補修・保健などの分野を担当したが、日を追って業種が拡大していった。

これに並行して、女子の勤労動員も強化され、一九四三（昭和18）年九月から

「女子勤労隊」が編成され、一九四四（昭和19）年八月に、「女子挺身勤労令」が公布され、地域ごとに「女子挺身隊」が結成され、軍需工場などに動員された。

一九四五（昭和20）年三月、「国民勤労動員令」が公布、施行され、働きうる者すべてを、町内会あるいは町村部落単位に組織された。

日本国民として免れ得ない義務であったが、戦後、七二年を経ても一部の朝鮮の人々による詰問が続いている。

六　太平洋戦線の破綻

日本が第二次世界大戦に参戦した一九四一（昭和16）年一二月には、ドイツ軍がモスクワとレニングラードで敗北を深めていた。一九四二年春以降、コーカサスの油田地帯をめざしウクライナに侵攻したが、七月以降、スターリングラードの激戦により、一九四三（昭和18）年二月、ドイツ軍が降伏した。

北アフリカでもスエズ運河占領をめざしたが、補給線が延び、英軍の反撃を受けて後退、さらに、一九四二（昭和17）年一一月、英米連合軍が、アルジェリアとモロッコに上陸し、ドイツ軍が後退した。一九四三年に入って、ヨーロッパ戦局の主導権は完全に連合国側に移った。

日本軍は、一九四一（昭和16）年一二月八日の初戦以来、優勢に展開していたのは、わずか半年であった。

一九四二（昭和17）年六月上旬、「ミッドウェー島」を攻略したが、日本の計画を察知した米海軍は機動部隊で待ち伏せし、日本海軍の主力航空母艦四隻を撃沈した。これによって日米の海空戦力は逆転した。

さらに、一九四二（昭和17）年八月上旬、「米海軍水陸両用部隊」が、南太平洋ソロモン群島の「ガダルカナル島」に上陸した。この島には日本海軍が飛行場を造成していた。それは、次の作戦計画のフィジー、サモア、ニューカレドニア攻略の基地とするためのものであった。

日本軍は、ガダルカナルの奪回のために、次々に兵力を増援、海軍航空兵力の大分を消耗した。制海、制空権を失ったガダルカナルの陸軍は島に取り残され、飢餓に苦しみ多くの犠牲を出した。残りの日本軍は、一九四三（昭和18）年二月になってようやく撤退した。

日本の軍部は、アメリカの生産力とその反攻の能力を過少評価し、その本格的反撃は、開戦二年後からだろうと楽観していた。陸海軍とも、アメリカの「水陸両用作戦」が、「太平洋の攻防の中心」であることを認識したのである。

ガダルカナルの敗退に続いて、ソロモン群島の島伝いとニューギニアの海岸沿いに「米豪連合軍」の攻勢が続いた。制空、制海権を失った日本軍の守備隊の多くが、南海の孤島に置き去りになった。

一九四三（昭和18）年五月、アリューシャン群島の「アッツ島」の守備隊が全滅した。広大な太平洋、戦争の長期化から、武器・弾薬・食糧の輸送が不可能となり、大本営は救援軍を送れず、日本兵の自決が続いた。国内ではこれを「玉砕」と報じた。輸送船の配備が不可能となっていた。

一九四三（昭和18）年九月、イタリアが降伏し、枢軸陣営の一角がくずれた。ヨーロッパの戦線の展開に期待をかけていた日本は希望を失った。こうした事態になっても、日本は戦争を終結させることができず、一九四三（昭和18）年九月三〇日、「御前会議」で「今後採るべき戦争指導大綱」を決定した。

大綱は、「千島・小笠原・マリアナ・トラック諸島・西部ニューギニア・スンダ列島・ビルマの線を絶対国防圏とする」とし、戦力を増強してこの地域を確保しようとするものであった。

特に、本土空襲を防止するため、マリアナ諸島の保全を重視し、一九四四（昭和19）年三月ごろから、「マリアナ諸島」に海空軍を結集し、米軍の機動部隊との決戦に備えた。

「マリアナ沖の海戦」は六月一九日早朝から始まった。日本軍は先制攻撃をかけたが、旗艦空母「大鳳」外四隻の連合艦隊の主力艦が、米軍の潜水艦や空爆によって沈没、大破された。二五〇機をこす日本空軍は、その性能と訓練不足から大半が撃墜されてしまった。

一九四四（昭和19）年一〇月二〇日、マッカーサー（西太平洋連合国総司令官）の率いるアメリカ軍が、「フィリピン・レイテ島」に上陸した。日本の守備隊は背後を衝かれ、その多くが山中に追い込まれてしまった。守備隊の一部は必死に抵抗を続け、戦線はマニラ市街戦で二〇日間続いたが敗北した。

海軍はレイテ島沖で、戦艦「武蔵・長門」を始めとする、軍艦三九隻の連合艦隊を総動員して戦ったが、「武蔵」外、半数の艦が撃沈されてしまった。戦死者は約一〇万を数えた。

レイテ戦を契機として、一九四四（昭和19）年一〇月、「神風特別攻撃隊」が編成された。飛行機ごと敵艦にぶつかっていく戦法である。一九四五（昭和20）年一月に航空部隊がフィリピンを退却するまでの約三か月の間に、約八〇〇機の「特攻隊」が出撃していった。人間自身が戦備と化し、あまりにも若い命が散っていった。この作戦は。

一九四五（昭和20）年二月一九日、アメリカ軍は「硫黄島」に上陸、約二万一〇〇〇名の守備隊が、火炎放射を浴びる悲惨な戦いとなった。硫黄島は、米軍機が本土に到達するを防ぐ最後の砦であった。

七　インパールでの敗退

日本の「絶対国防圏」のビルマに隣接したインド領インパールの作戦で、日本陸軍が惨敗した。

この作戦は、一九四三（昭和18）年一〇月、日本によって軍事的につくられた、チャンドラ・ボースを中心とする「インド仮政府」を支援するためのものであった。また、「援蔣ルート」を断つことでもあった。

一九四四（昭和19）年一月、中国軍、英印軍のビルマ方面への進攻が激しくなると、日本軍は英印軍の拠点「インパール」への攻撃を開始した。三〇〇〇メートルを超す険しい山地、幅六〇〇メートルの大河を踏破するという無謀な進攻のもとに、一応、四月中旬にはインパールを包囲した。

しかし、五月に入って、ビルマ特有のすごい雨季のために、補給が絶え、兵士たちは、飢え、病気、弾薬の欠乏のため戦力を失っていった。六月に入ると、英印軍は、増援軍と合流し、戦車部隊を先頭に進撃したので、戦況は一挙に逆転した。飛行機も対戦車砲もない日本軍は、火炎の中に突撃する肉弾戦を繰り返した。

七月四日、「大本営」はようやく作戦中止を指示し、七月八日から退却を始めた。当初から兵士の肩と、象や牛の背に乗るだけの物資を運ぶという補給の行軍は、兵士の衰弱を早めた。

退却する部隊内では、マラリヤや赤痢が蔓延し、水も食糧も医薬品も乏しく、死亡者が続出した。英印軍の追撃も激しく、雨と泥沼の中を退却する兵士は、インパールからビルマへ向かう街道で犠牲となった。約六万人の戦力が失われた。戦死者の六割は四〇〇キロの撤退路であった。

インパールの敗退は、ビルマ戦線の全面的な崩壊となり、一九四五（昭和20）年三月にマンダレー、五月にはラングーンが英印軍に奪回された。「望みなき戦い」を戦ったと、七三年を経た今日も言う。世の戦いで、これ程の惨事はあるだろうか。

八　本土空襲と海上輸送の崩壊

一九四三（昭和18）年の秋から、シンガポールと揚子江から本土を結ぶ二つの重要な海上輸送ルートが、米空軍の攻撃を受け始めた。
一九四四年六月のマリアナ沖海戦、一〇月の台湾沖航空戦、レイテ沖海戦と続き、日本海軍は、空母と航空機の大半を失い、連合艦隊の主力を欠くことになった。

さらに、米軍の「フィリピン進攻」によって、南方からの資源ルートが危険にさらされ、「航空基地からの本土空襲」が開始されるようになった。一九四四年一〇月には中国基地から、一一月にはマリアナ基地からの「B29」による本土爆撃が始まった。

一九四五（昭和20）年三月からの「B29」による「機雷投下作戦」によって、朝鮮や満州からの輸送、瀬戸内海、太平洋沿岸航路の海上ルートが完全に封鎖されてしまった。

米軍の日本国「焦土化作戦」の主力となったのは「B29」であった。「B29」は、一九四四（昭和19）年初頭から戦線に配属された「新鋭爆撃機」である。八トンの爆弾を積んで、六〇〇〇キロ以上の航続距離をもち、一万一四〇〇メートルの高度をとることができた。そのために、日本の要撃用戦闘機も高射砲も「B29」を撃墜するのは困難であった。

「B29」による最初の本土空襲は、一九四四（昭和19）年六月一六日、中国の成都からの四七機による「八幡製鉄所」への攻撃であった。当初の約五か月間は、飛行機工場、製鉄所、港内の船舶などへの爆撃が主であった。

本土空襲が本格的、日常化したのは、マリアナに「B29」の基地が完成した一九四四年一一月二四日からで、連日のように強行された。翌年の二月一五日までの約三か月間に、本土に来襲した「B29」だけでも一二〇〇機にのぼった。

一九四五（昭和20）年一月三日、名古屋市街地へ特殊焼夷弾投下を皮切りに、「焦土化作戦」が本格化した。これに対して、「本土防空部隊」は、「B29」への体当たり攻撃に出たが、成果を挙げることができなかった。

一九四五年三月、「硫黄島」にも大規模な基地が完成すると、グアム・サイパン・テニアンの各基地と呼応して、「B29」「P51」などの米軍機が日本全土の各地、各都市に無差別に爆弾、焼夷弾の雨を降らせた。

三月一〇日の「東京大空襲」では、二時間半にわたり二七万戸の家が焼失、死者一二万人、一〇〇万人以上の人が家を失った。これ程集中的に市民生活を破壊した攻撃は、今日まであっただろうか。

日本本土の空襲による被害は、原爆によるものを除き、死者二五万六〇〇人、家屋全壊焼二二一万戸、罹災者九二〇万人、投下された爆弾は約七万五〇〇〇発、焼夷弾二八一万発と言われた。

九　沖縄戦とヤルタ会談

一九四五（昭和20）年三月一八日から一九日にかけて、米軍は九州の各飛行場と「呉の艦隊」を一〇〇〇機以上の飛行機によって空襲した。

二四日には、沖縄本島の東南海岸へ七〇〇〇発に及ぶ艦砲射撃と飛行機六〇〇機による銃爆撃を加え、二六日、慶良間列島に上陸した。四月一日には、米軍は約一五〇〇隻の艦艇と、一八万人を超す兵力を集中し、沖縄本島中西部に上陸した。約三か月にわたり、米軍の砲撃弾雨にさらされたのである。

四月六日、戦艦「大和」以下一〇隻が瀬戸内海から出撃したが、翌七日、九州南方で、米艦載機三〇〇機の攻撃を受け、世界に誇った戦艦「大和」も、何ら為すこともできず海底に消え去った。約三七〇〇名が犠牲となった。

六月二三日、約三か月間に及ぶ沖縄の激戦が終わった。軍人軍属の死亡約一一万人、一般民の死亡約一七万人、計二八万人が犠牲となった。軍人軍属の約七割は、民間の成年男子で組織された「防衛隊」であった。

一九六九（昭和44）年刊行の『沖縄県史』には、沖縄決戦の悲惨な状況が記されている。なかでも、「ひめゆり部隊」のことについて、今も機会ある毎に語り伝えられている。県立第一高女と沖縄師範女子部の職員と生徒が、看護婦として動員され非業の最期を遂げた。糸満市にある「ひめゆりの塔」には、追悼の祈りを捧げる人が絶えない。

一九四四（昭和19）年末から一九四五年初頭にかけて、米軍もかつてない打撃を受けていたので、一九四六年までには「太平洋戦争終結」を考え、一九四五年二月四日から一一日にかけて「ヤルタ会談」（ウクライナ）を開催した。この頃は、ヨーロッパの戦争が終結に近づいていた。

ルーズベルト、チャーチル、スターリンが「ヤルタ」で会談し、「ドイツ占領方式、国際連合の創設、ソビエトの対日参戦」などについて議決した。「太平洋戦争」の終結のために、ソビエトの軍事力を求めたのである。

ソビエトに対して、「対独戦終了後に対日戦に参加すること、対日戦終了後、南サハリン・千島列島の領有、旅順・大連の日本の利権を継承する」などのことをスターリンは確認した。四月一三日ルーズベルトが死去し、大統領となったトルーマンは、使節をモスクワに送り、スターリンと会見して「八月八日までにソビエト極東軍が対日戦参加の準備を完了する」との約束をつけた。

日本は、海軍の主力が壊滅した後も、陸軍が中心となって「本土決戦」の準備が進められた。一九四五（昭和20）年七月、「大本営陸軍部」は空軍力を大幅に増強し、マリアナ、沖縄を奇襲攻撃により奪回する計画を立てた。特に、「特攻機」一〇〇〇機による作戦計画が中心であった。

一九四五年四月以降、軍隊の宿舎、武器、食糧などが大量に不足し、兵士の訓練さえ実行不能となっていた。軍部は、「国民義勇軍」を組織して、「本土決戦」「一億玉砕」をも主張した。

一〇 「ポツダム宣言受諾」降伏への経過

一九四五（昭和20）年五月八日に、ドイツは連合国に対して「無条件降伏」した。この段階で、連合国を相手に戦争しているのは日本だけとなった。政府は、六月八日の「御前会議」の決定に基づいて、「ソ連を仲介とした和平工作」の実現をめざして、近衛文麿を特使と決め、七月一三日にそのことをソ連に伝えると、モロトフ外相は難色を示した。

ソ連は、「日本の和平条件」を明確に示してもらわない限り、面談はできないとの回答を繰り返した。ソ連は「ヤルタ会談」で、ドイツ降伏から三か月以内に「対日参戦」を決めていたから、最初から日本の特使を受け入れるつもりなどはなかった。日本は、スターリンとルーズベルトの約束を知らなかった。

日本に「無条件降伏」を迫る「ポツダム宣言」が、一九四五（昭和20）年七月二六日発表された。ソ連は、「東部戦線」での〝勝ち戦〟に乗じて、「日本の領地を得たい」と、狙っていた。アメリカのトルーマンは、対日戦に決着をつけるために一大秘策を進めていた。「秘策成就せり」の報を受けたのは、ポツダム会談の直前であった。それは「原子爆弾の実験に成功」の報であった。

トルーマンとチャーチルは、「これで、ソ連の力を借りる必要がなくなった、戦後のことを考え、ソ連に対日戦線参加から外れてもらおう」と決めた。そして、通告したのであるが。

「ポツダム宣言」十三項目の主な内容は、「軍国主義勢力の一掃」「占領軍の駐留」「朝鮮の独立」「かつて中国領土だった地域の返還」「日本軍の無条件降伏」「軍隊の武装解除と復員」「戦争犯罪人の処罰」「民主主義の確立」「軍需産業の排除」……十三項目を無条件で受け入れれば、日本に戦争を終結する機会を与える、というものであった。

宣言の署名は、アメリカのトルーマン、イギリスのチャーチル、中国国民政府の蒋介石であった。

日本政府は、「ポツダム宣言」の中に、和平後の「天皇の地位」についての記述があいまいであったこと、「大本営」の「宣言受諾拒否」の方針から、鈴木首相は、「判断を保留する」という意味で「黙殺」と表明した。これが、「意図的に無視する」と訳されてしまった。

トルーマンは、「日本への原爆投下」を命じた。一九四五（昭和20）年八月六日午前八時一五分、「広島」に、九日午前一一時二分に「長崎」に「原子爆弾」が投下された。広島では死者一四万人、行方不明一万人、負傷者三万人。長崎では、死者七万五〇〇〇人。これらはいずれも昭和二〇年末の統計であって、戦後、七二年間に多くの人が後遺症などで死亡している。

そして、一九四五年八月九日に、ソ連は「宣戦布告」をして「満州国」に侵攻した。

八月九日、「最高戦争指導会議」が皇居で行われた。「国体護持」をめぐって会議が紛糾し、深夜になって鈴木首相を除く出席者六人の採決が行われた。結果は「三対三」であった。鈴木首相はこの結果を天皇にご報告申し上げた。

天皇は、

「空襲は激化しており、これ以上国民を塗炭の苦しみに陥れ、文化を破壊し、世界人類の不幸を招くのは、私の欲しないところである。私の任務は祖先から受け継いだ日本という国を子孫に伝えることである。……昨日まで忠勤を励んでくれたものを戦争犯罪人として処罰するのは、情において忍び難いものがある。しかし、今日は、忍び難きを忍ばねばならぬ時と思う」。

このときに、天皇は、また、

「陸軍は、本土決戦を言うが、自分が独自に調べさせたところでは、とうていその準備など、できていない…」と。

こうして「聖断」が下され、日本の「ポツダム宣言受諾」が決まった。

それでも、「本土徹底抗戦」を叫ぶ陸軍の暴走を止めるために、政府は、統帥部の意見もいれ、「天皇の地位及び国体護持」について、スイスを通じてアメリカ政府に問い合わせることになった。

これに対して、アメリカの「バーンズ国務長官の回答」は、十二日未明に届いたが、それは、「天皇および日本国政府の国家統治の権限は、連合国最高司令官に〝subject to〟する」というものであった。

この〝subject to〟を、外務省は「制限下におかる」と訳した。陸軍は、「最高戦争指導会議」の場で、「これは隷属するという意味だ」と、反論した。外務省はこの〝subject to〟の意味を確認するために、アメリカにこの真意を、さらに問い合わせた。バーンズの回答は、「これは文字通りの意味である。我々はこの文章の通り貴国に要求する」と。

またもや、政治、軍事指導者の間に混乱が生じた。

八月一四日、天皇、自ら、「御前会議」を召集した。

「反対論の趣旨はよく聞いたが、私の考えは、この前言ったことに変わりはない。私は、国内の事情と世界の現状を充分考えて、これ以上戦争を継続することは無理と考える」と。

出席者、全員、すすり泣いた。号泣する者もあった。

ここに、天皇のお言葉で、「日本のポツダム宣言受諾」が決まった。一九四五

（昭和20）年八月一五日正午の「天皇の戦争終結の詔書の玉音放送」によって、国民は、日本の「無条件降伏」、敗戦を知ったのである。

戦線の各地では、さまざまな混乱はあったが、次第に、日本軍は武装解除して、アメリカを中心とする連合国に投降していった。

しかし、八月一五日以降も、収まらない、終わらない地帯があった。満州、樺太（サハリン）、千島列島のソ連との戦線である。

一九四五（昭和20）年四月五日「日ソ中立条約」を一方的に破棄通告をしたソ連は、八月九日、満州に侵攻してきた。戦車五〇〇〇両、飛行機五〇〇〇機、火砲二万四〇〇〇門、兵員一七四万人、圧倒的な勢力であった。日本の「関東軍」は為すすべもなく、司令部を新京（現長春）から南の通化に撤退した。ソ連は、広島への原爆投下で「終戦」が早まるとみての駆け込み参戦だった。

取り残された日本の民間人の多くが、ソ連兵による拘束、略奪に晒され、荒野を子連れで逃走する婦女子の自決もあった。民間人約一八万人死亡。

さらに、ソ連軍は、樺太（サハリン）方面と、カムチャツカ半島から千島列島に侵攻してきた。ここでも、多くの民間人が犠牲となった。

二〇一七（平成29）年八月一四日のＮＨＫの放映で、樺太からの生存者数人の、当時の回想によると、

ソ連軍は、北海道の占領を画していたので、「大本営」は樺太の「豊原」の司令部に対して、「日本の南樺太を死守せよ」と、命じた。特に、西海岸の「真岡」一帯は、ロシアの艦砲射撃を受けて約一〇〇〇人が死亡した。八月二二日停戦になったが、二年間、日本への帰還が許されなかった。

「国民戦闘隊」が組織され、手榴弾、毒矢を武器とたのむ、ゲリラ戦であった。家族自害も続出し、約一週間の戦闘は、地獄絵図さながらの状況であった。発狂した友人もいた。

「なんで、こんなことまでして、戦わねばならないのか」と。（記録は一部省略、要約であることを承認していただきたい）。

ソ連のスターリンは、

アメリカのトルーマンに対して、「我々は、日本の関東軍を攻略し、北海道方

面に侵攻している。ソ連の制圧地域として、北海道の領有を認めて欲しい」と、要求した。トルーマンは認めなかった。重ねて訴えた。

そこで、スターリンは領土の代わりに、日本の関東軍を労働力として「シベリアに抑留」した。少なくとも六〇万人が、極寒の地で強制労働に就き、約一〇万人が犠牲となった。

さらに、ソ連軍は、八月一八日、千島列島の北端から侵攻し、二八日には択捉（エトロフ）、国後（クナシリ）、九月四日に歯舞（ハボマイ）、色丹（シコタン）の四島を占領した。その後、七二年間、両国間の「返還交渉」は続けられてはいるが。

連合国総司令官のマッカーサー元帥が、神奈川県厚木の航空基地に着いたのは八月二十八日、厚木に降り立ったのは三十日であった。

そして、「降伏文書の調印式」は、一九四五（昭和20）年九月二日、東京湾上の「ミズーリ号」艦上で行われた。この日、日本は戦勝国九か国と調印し、「太平洋戦争」は正式に終わったのである。

○おわりに

毎年、夏の「甲子園球場」では、八月十五日正午に、一斉に黙祷する。日本国民はこの日を「終戦日」としているが、国際的には、「降伏文書」に調印した九月二日と決定している。

また、「太平洋戦争」「大東亜戦争」の呼称についても、多くの人々が、それぞれの立場から各様に論じている。戦場が太平洋であったから「太平洋戦争」と言うのか、いや、これは、敗戦後、GHQ（連合国軍総司令部）が、「大東亜戦争」の呼称を、公文書において使用することを禁止し、「太平洋戦争」という呼称が使用されるようになったのである。

「大東亜戦争」という呼称は、一九四一（昭和16）年一二月一二日の「閣議決定」で、「今次の対米英戦争及び今後情勢の推移に伴い生起することあるべき戦争は支那事変をも含め「大東亜戦争」と呼称す」と、発表している。日本の、「大東亜新秩序建設を目標とする〝聖戦〟である」との理念に基づくものである。「呼称」も、「開戦」と「終結」の日についても、一般に明確さに欠ける。

私は、三〇余年間にわたって、県史・郷土史・富山新港史・社史・校史などの編纂・執筆などで、「太平洋戦争」に関する、政界・経済界・歴史家・作家・評論家などの著書を多く参考にさせて頂いた。すべて各界の権威ある方々の貴重な著述であるが、その見解には、かなりの相違があったかと思う。

「太平洋戦争」の開戦は、一九四一（昭和16）年九月六日の「御前会議」で決まった。賛否両論の中で、軍部による開戦への気勢が強くなったとき、企画院総裁が質疑で、「南方諸地域の要地にして、三、四か月の間に、確実に我が領有に帰しますれば、六か月内外から致しまして、石油・アルミニウム原料・ニッケル・生ゴム・錫などの取得が可能となりまして、二年目ぐらいからは完全にこれが活用を図り得ると存ぜられるものであります」と、陳述している。石油の備蓄の如何が、開戦決定の大きな要因であった。

戦後、陸軍省燃料課の技術将校であった人が、「私がいまだに恐ろしいことに思えるのは、昭和一六年から数か月間に、算術のような方法で編み出した、南方石油取得見込みの数字が、何のチェックもされずにひとり歩きし、「太平洋戦争」開戦直前の昭和一六年一一月の「御前会議」でも、そのまま使われてしまったことである」と、述懐している。

昭和二〇年代、戦時中、市民の意志に反して「強制合併」した市町村は、投票により分離することも可、との自治省の法令に基づき、我が新湊は、高岡市から分離独立した。賛成、反対をめぐる厳しい騒動は、税金の増減の判断で、一つの統計数字が正反対に結論されて、市民に示された。その後、ある市長は「統計数字は、指導者の意図によって、どのようにでも操作できるものです」と。

大きく次元の違う事態ではあるが、数字が意図的に、ある「決定や目的」に利用されることは恐ろしいことである。

日本政府は、軍部が、一年、一年経過するごとに、日米の軍需資源の格差にあせり、開戦を早めたと言われる。調査、研究した数値であったはずだが。もちろん、開戦に至る要因・事由は簡単なものではない、が。

司馬遼太郎さんは陸軍戦車隊の小隊長として、一九三九（昭和14）年五月一一日からの、満州と外蒙との国境の「ノモンハン」で、ソ連軍と戦った。

戦後、司馬さんは、講演や著述の中で、ソ連との激戦、惨敗したときの情況についいて、その厳しい有り様を、独特の表現で語っている。

日本の戦車は、砲身が短く、初速が遅いために貫通力が弱く、戦車を守る鋼板も薄かった。司馬さんは、エッセー『戦車の壁の中』で、「たった一七〇馬力という、けちなものが、一五・三トンの図体を動かすのだから操縦に熟練の要る車なのである。この戦車では、どこの国と戦っても負けるだろう。この戦車の最大の欠陥は、戦争ができないことであった。敵の戦車に対する防御力も攻撃力もないにひとしかった」と。

そして、司馬さんは、「日本人は、歴史を理解し生かすことが下手である。……日本人は賢く、潔いが故に、〝戦争なんてもういやだ〟と言えなかったのか、……日本人は集団の中に、ある一つの空気のような流れができると、個人の意見や理性を押し流してしまう。組織、分野の中では役割を果たすが、他との関連や全体的な判断に欠ける。想定外と言われる事態に対してレーダー機能が弱い。情報を内部に貯め込んでしまう。何よりも、人を生かすことが下手である」と。

私は、最後に、重ねて記述したいことは、一九四一（昭和16）年一二月八日の「日米開戦」に至るまで、日本は「国際情勢の流れ」を読み切れなかったことが「開戦」を決した最大の原因であると考える。

その要因は複雑にからみ合っているが、「読み違い」の第一は、一九四〇（昭和15）年九月の「日独伊三国同盟」である。第二は、一九四一（昭和16）年七月の「南部仏印進駐」ではないか。そして、第三は、一九四一（昭和16）年九月六日の「御前会議」の決定であると考える。

「太平洋戦争」を論じる著書、文献を私なりに相当読んで考えてみたが、感情を排した客観的な説明は容易ではない。きわめて難しいということが分かった。しかし、日本国、日本国民の歩いた道であった。

今日、二〇一七（平成29）年九月一五日午前六時五七分、北朝鮮がミサイル発射、日本国上空を通過、「飛距離最長」と報じている。

四、太平洋戦争下の新湊

―「十五年戦争」下に生きて―

はじめに

「十五年戦争」とは、昭和初期の「満州事変―一九三一」から「太平洋戦争終結―一九四五」までのことを、戦後、歴史上などから呼称されるようになったか、と思う。貧しい、苦しいことの多かった時代も、七、八〇年経った今日、なつかしい思いもする。

今だから言えることだが、「日中戦争」後半の女学校時代、往復約一八キロメートル歩いて、親戚の「下村」まで行って、五升の米を頂いて担いで帰ったが、途中、新湊のある交番で、全部、取り上げられてしまった。「配給制度」に違反していたからである。

また、かまどに焚く薪を買いに、高岡の城光寺の山へ行ったとき、共にリヤカーを引いていた義母が、坂道で転び怪我をしたこと、義父が家業のセメント倉庫で怪我をし、二か月ばかり入院していたことなどを思い出す。義母は一か月余り、富山へ魚の担ぎ売りに出かけていたので、私は午前四時に起きてご飯を薪で炊き、掃除をして、高岡の横田の県立女学校へ行くために、午前六時二〇分に家を出た。

これらは、「日中戦争」時の一四、五歳の頃のことであるが、当時、学校の水泳部で長距離を泳いでいた私は、配給では足りないので、義母は、町の商工会から「こうりゃん」の支給を受けてきた。義母は、米に混ぜて炊いてくれたが、砂が入っていて、ガジ、ガジしていて、洗い直して粥にして食べた。

この「こうりゃん」は、北朝鮮の「雄基」から定期航路の「北祐丸」によって移入されたものだが、伏木沖で機雷に触れ、大量の「こうりゃん袋」を海底から引き揚げ、希望者に販売したものである。

当時、北朝鮮の「雄基」「清津」と「伏木港」に、月二回の「定期船」が運航され、「北陸汽船会社」の常議員であった、新湊町長（商工会会長）の卯尾田毅太郎などの尽力により、昭和七年から一四年までに三二回の周航があり、満蒙からの穀物や石炭、伏木港からは、塩乾魚の移出が中心であった。

一　中隊長となった兄

昭和一一年、私が一一歳、小学校六年生の頃の思い出である。八二年前のことだが、時々思い出すのは、二歳年上だった兄のことです。私が堀岡小学校六年生のとき、兄の三郎は県立射水中学校の二年生でした。

放生津潟周辺の沼田を三三反耕作していた我が家では、田仕事によく駆り出され、夕食後宿題をすることが多かった。奥の間の二階の六畳に、兄と弟と私の三人が机を並べていたが、私と弟が、うるさいと言って、兄は本箱で仕切り、二畳間のようにしていた。

兄は、右手の白壁に、「陸軍大将」と墨書し、血判を押したものを貼り付け、日の丸の鉢巻を締めて勉強していた。

兄は、中学校二年生のとき、名古屋で「陸軍幼年学校」を受験したが合格できなかった。当時、陸軍幼年学校は、東京・仙台・名古屋・大阪・広島・熊本に設立されていたが、これは六つの師団が置かれていた都市であった。一校、四〇～五〇名の狭き門であった。

発表のあった日、夕食がすんでも兄の姿が見えないので、母と私は、きっと、浜納屋かもしれん、と、家から三〇〇メートルほど離れた煮干加工の納屋へ行ってみると、兄は泣いていた。午後八時になっても帰らないので、祖母と私は、おにぎりと焼き鰯を持っていくと、兄は初冬の寒さの中、筵をかぶって寝ていた。翌朝、家でご飯を食べ学校へ行った。

昭和二〇年八月二日午後〇時すぎ、兄と私と友人の邦子さん（兄嫁となった人）と三人、浜納屋の前の土手（約10メートル）から、富山の空に花火の様に落下する焼夷弾爆撃を見ていた。大空襲だった。

この一か月前、兄は満州から九州の久留米連隊の中隊長として着任、三日後に米軍の上陸に備え、鹿児島へ転任するのであった。中尉としての軍服姿の兄が、双眼鏡で富山の大空襲を視ていた姿、一言、「ここまで来たか」と。

二　市街で「千人針」を作った日々

私は、昭和一二年四月二日、富山県立高岡高等女学校へ入学した。この三か月後の七月、日中戦争（支那事変）が勃発した。

三月上旬の入学試験の国語の問題で、「日の丸の、赤と白は皇国の精神の何を表しているか」。また、歴史の問題は、「日清・日露の戦争で日本が清国、ロシアから譲渡され領有した土地を記せ」であった。

学校への通学は、新湊駅から高岡までの「越中鉄道」を利用したが、家から新湊駅まで約六キロメートル、高岡駅から横田の学校まで約六キロ、一日往復二四キロメートル歩いていた。

当時の高岡市役所は、現在の北陸銀行の高岡支店の地に在り、学校への往復時、正面玄関に、幅広く長い布に、墨筆で太く書かれていた垂れ幕が目に浮かぶ。「鬼畜米英討ちてし止まん」「欲しがりません勝つまでは」である。

日中戦争三年目、三年生の土曜日は授業を止めて、高岡駅前から末広通りに立って「千人針」をこしらえた。二重の白布は長さ約一メートル、幅二〇センチほどのもので、縦、横一・五センチ間隔に、赤い糸で、玉結びを千個縫い付けるもので、戦地の兵隊さん達の腹に巻き、敵の弾丸避けにする、ということであった。結び玉、千個あったかどうか知らないが、戦時下、数年続き、婦人会、隣組ごとに努められていた。

四年生の秋、横田、守山、二上方面の出征軍人の家へ、二日間、稲刈りに行き、あるお宅で、おはぎを頂いた。

日中戦争二、三年目ごろだったたか、高岡駅前、新湊駅前へ、「出征兵士」の見送りや、戦死者「英霊」のお迎えに、数回、学校から並んで行ったことを思い出す。

四年間の高女時代、最も負担だったのは、汽車通学区ごとの月末の「風紀委員会」であった。新湊区域約五〇名（一～四年生）の委員長としての報告である。何を言ったか、一つとして覚えていない。

三　不二越での勤労奉仕

一九四一（昭和16）年四月六日、私は「富山県女子師範学校二部」に入学した。当時、東京・大阪・京都などの都市の学校へ進学する人が少なくなり、受験倍率は一二・七倍（担任より）であった。

入試問題の記憶から、時局による教育事情がよく分かる、と思う。たとえば、歴史問題で、「日独伊三国同盟について論ぜよ」と、四〇〇字詰原稿用紙四枚渡された。また、書道で、「臣道実践」と楷書で書き、さらに、「海行かば水漬く屍　山行かば草むす屍　大君の辺にこそ死なめ　顧みはせじ」を、書体、連綿を工夫して書きなさい、という出題である。

この「海行かば」は、「万葉集巻一八」の大伴家持の「長歌」の句である。和紙に「散らし書き」するのであった。この句は、昭和一二年に作曲され、学校、集会などの行事で、よく合唱した。

昭和一六年一二月八日午前六時、学校の寄宿舎に「非常ベル」が鳴り、寄宿生一五〇名、講堂に整列、「真珠湾攻撃、日米開戦」を知った。

授業は、英語が廃止、体錬二時間の一時間は「長刀」が必須となった。さらに、物理・科学が、「物象」となった。

昭和一七年六月末、二年生のときの修学旅行で、「横須賀港」を見学し、「潜水艦」内を見学した。よく分からないままに、複雑で精密な組織だったことは、今も目に浮かぶ。

国会議事堂内の見学では、説明を聴きながらすごく緊張していた記憶がある。いたる所に「日の丸」と「旭日旗」が掲載されていた。

二年生の二学期から週の金曜日に、授業を中止して、不二越工場で勤労奉仕をした。作業は、軍服のボタン付け、蚊帳の繕い、「ボールベアリングみがき」などであった。ボールベアリングは、機械の摩擦を少なくするために鋼球を入れた軸受だが、軍事の主要な機材である。

不二越は、当時、国内でも有数の軍需工場であった。昭和二〇年八月二日の「富山大空襲」決定の主な要因とも言われている。

卒業学年の二年のとき、私は生徒舎監長をしていたが、寄宿舎の食材料のことで、四人の棟長と共に舎監室に度々呼ばれた。堀川南の農家のキャベツ収穫を手伝って三〇個余りの玉をもらってきたこと、土・日に帰省しない数十人で、決められた田んぼで「いなご」を大量に捕ってきて、舎の食事の補給にしたことなど、今日の豊かな食事からは、想像もつかない状態であった。

週一時間の倫理の時間には、「教育勅語」を暗唱していた。また、書道の時間に、大判の和紙に「教育勅語」を清書して、学校祭に展示したこともある。

昭和一七年六月、朝鮮の「李王妃殿下」を歓迎するためにダンスを練習し、大掃除をしたことを思うと、七五年前の友好について考えさせられる。

四　戦地へ「慰問袋」を送った日々

私は、昭和一八年四月一日、高岡市立新湊東部国民学校の訓導として赴任した。先ず校長室へ辞令を持って挨拶に行くと、校長から「あんたは、この学校への希望者八人の中から一人選ばれたのだから、しっかり努めてください」との助言があった。

現在の「射水市立放生津小学校」であるが、生徒数、約二〇〇〇人の大規模校であった。五年四組（六八名）の担任となったが、男子二クラス、女子二クラスで、三組女子の担任は、教職八年目の優秀な先生で、詳細にわたって指導を受けることができた。このときの生徒達は、今、八四〜八五歳である。

昭和一八（一九四三）年といえば、「日中戦争」が泥沼化し、「太平洋戦争」勃発三年目に入り、太平洋の日本の基地の大方が、アメリカに占領されてしまい、本土への空襲も始まっていた。

週に一日、正規の授業をやめて、戦地へ送る「慰問袋」を作成した。生徒はこの作業を喜び、作文の外に、漫画雑誌・人形・折り鶴・図画・昆布・仁丹・工作など、五人一組となって作った。本当に戦地へ届いていただろうか。

昭和一九年五月、五、六年生は、射水の「太閤山」（30〜40メートル）まで、往復徒歩（約三〇キロメートル）で、山の粗朶（そだ）を伐採して、一人一人、背負ってきて、「防空壕」を造った。

学校の西側、歩道に面した処に、一クラス六八名が、しゃがんで入っていたから、かなり大きかったと思う。父兄一〇余人の奉仕によって、二日掛かりで完成した。戦後、そこを通るとき、立ち止まっていた。

終戦までの約一年間に、四、五回入ったと思うが、あるとき、前日の雨でひざ上まで水に浸かりながら「B29」の去る「警戒警報解除」を待っていた。二〇分余の時間であったが、あの爆音、忘れることができない。いつも、クラス会で話題になる。

昭和一九年五月、六年生女子三、四組が運動場の南側に、さつまいもと綿を植えた。綿は初めて作ったが、一〇月下旬、ふわりとした白い綿を手にしたとき、生徒ともに大喜びした。また、学校の中庭（三教室分）に「そば」を植えた。一面に白い花が咲き、生徒、父兄三〇余名、全教職員あげて収穫し、町役場からも感謝された。

昭和一九年一二月、私の六年四組が「英霊を称える授業」を公開した。校下の四八柱の写真が礼法室に安置されていて、「英霊に感謝する作文」を六人の生徒が読みあげて話し合う、という学習であった。

一九四五（昭和20）年八月一七日、夏休み中の臨時登校が決まり、全校集会で、校長の「日本の敗戦」についての訓話があり、私は担任の五年四組へ向かう途中、しばらく立ち止まって、「生徒に話すこと」を考えていた。何しろ二週間前、「欲しがりません勝つまでは」の精神に基づき、励まして、夏休みに入ったばかりであったから…。

五　新湊駐屯部隊と機雷爆発

一九四五（昭和20）年に入ると、太平洋側の港湾は米海空軍により封鎖され、使用不可能となった。日本海側有数の軍需工業地域を控える「伏木港」が、食糧補給、艦艇補修、軍器揚陸地となった。伏木港の隣接地である新湊町も軍の器材や食糧などの揚陸地となった。

新湊町に駐屯して終戦を迎え、終戦処理に当たった主な部隊は、特設船舶工兵第四九連隊（通称、暁第一九八三八部隊）であった。暁部隊の九八一名は昭和二〇年五月二八日、新湊町に到着、宿営場所は、新湊中部国民学校、新湊東部国民学校、県立射水中学校、北陸配電会社であった。

私は、一九九二（平成4）年三月二十五日発刊の、『新湊市史―近現代』の編纂に従事したとき、新湊市長を介して、暁部隊の副官であった方から「陣中日誌」の一部を拝借して記述している。その記録の一部から、当時の新湊町の様子を思い出してみる。

「六月八日、午前八時三十分、貴族院本会議発表、米軍B29本土空襲機数、三月一五〇〇機、四月二五〇〇機、五月三〇〇〇機、阿南陸軍大臣、神州不滅ヲ信ゼザルモノハ神勅ヲ疑ウノ罪軽カラズ…」と、記している。

「六月一六日午前一時一五分、敵機来襲、新湊漁港に約六〇発の機雷投下、中町に一発の機雷爆発、相当数の被害あり。死者二六名、重軽傷者二九名、倒壊家屋一二、周囲約二〇〇メートル四方の民家の窓硝子、屋根瓦破壊。衆議院議員卯尾田毅太郎爆死。

この日以降、町民の農山村部への避難急増せり」。

「六月一七日、応召兵七名の入隊式あり、軍服着用するも、木製の剣、地下足袋

姿。兵力既に減退、兵器・衣類・糧秣・軍馬等、相当数不足」。

「六月二六日、師団司令部より、「食糧不足ノ折柄、各部隊ニ於テ食糧ノ自給自足計画ヲ立テルベシ」の通達を受ける」。

副官は、かつての部下で、兵庫県で牧場を経営している人から、貨物車で乳牛(ホルスタイン)三頭の寄与を受けた。それを見たとき、本部一同、万歳を叫んで喜んだという。

「八月一日午後八時三〇分、新湊町南方、塚原村川口付近一帯にB29二八機来襲、焼夷弾投下、民家二戸全焼、その夜午後十二時ころより三時間三〇分にわたり、富山市および周辺地にB29一七五機による大爆撃あり、市内は壊滅状態、一面焼け野原と化す。

午前七時、新湊より三個中隊(約三〇〇名)出動、街はまだ燃え続け、目の当たりは瓦礫の山、生き残った人々は、焼けつく道路を裸足のまま……地獄絵図そのもの、涙ながらの救援作業を続行する」

米軍史料によると、四部隊一七六機、投下爆弾と焼夷弾一四七八トン、死者二四〇〇人、全市の九六％消滅と発表している。

副官は、「陣中日誌」の中で、

「新湊市には神社、仏閣多く、町民は勤勉、実直なり、隣保班・婦人会などの防空訓練さかんなり、宿営地のいずれもきわめて協力的なり…」と。

「太平洋戦争」勃発当初から日本海軍は、アメリカの攻撃に備えて、五万五〇〇〇個の機雷を重要海域に敷設した。アメリカは日本の海域に一万二〇〇〇余個の機雷を投下した。戦後、マッカーサーの司令により機雷の掃海作業が毎年のように行われたが、昭和四七年の「防衛庁」の公表によると、「機雷残存数五一八七個、うち、「伏木新湊」は四七個、最多は、関門海峡の二〇〇一個であった。

灯火管制がきびしく、隣保班で注意し合い、防空壕掘りも相互に協力し合っていた。私は、「警戒警報」と同時に、防空頭巾、防空袋を付けて勤務校へ走った。新湊東部国民学校（放生津小）では、夜中は、家庭事情により駆け付けていた教職員は約二〇名であった。先ず、天皇・皇后の御真影を安置する「奉安殿」

の周りに、水の入ったバケツ、そして廊下・教室に焼夷弾の投下に備えて、相当数のバケツやモップを配備した。

昭和二〇（一九四五）年八月一四日正午過ぎ、女子師範学校時代の友達が、草履を履いて訪ねてきた。私の顔を見るなり、「ワァー」と泣き出した。今朝、八時過ぎから、富山から歩いて来たのだと言う。「靴でも服でも、何とか、もらえんかね」と言う。私は急いで、おにぎり三個とさつまいも三本、靴一足、ブラウス二枚、モンペ一着上げた。

友達は、「日本、負けたがやね」と言った。「ええ、そんなこと言うと憲兵に捕まるよ」「でも、富山では、みんな、そう言っているよ」と。

この夜、義母と私は「ござと水筒」を持って、東町の浜へ避難していた。どこの飛行機か、爆音だけがしていた。今から思うと、海岸はかえって危ないのに。

この翌日、八月一五日正午、「天皇の戦争終結詔書」の放送があった。

おわりに

言語に尽くし難い大きな犠牲を払ったこの「太平洋戦争」、今後、世界史上で、どのように評価されていくだろうか。

今日、二〇一七（平成29）年九月三日正午、北朝鮮人民共和国が六回目の核実験を実施した。「水素爆弾」らしい。広島に投下された原子爆弾の一〇倍の爆発力だと言う。映像で見る朝鮮人民は〝万歳、万歳〟と、歓喜の声をあげている。一六〇キロトンのエネルギーで、山が変形したと言うのに。

昭和の「十五年戦争」下に生きた私は、「あなた達は何も分かっていない、本当に幸せだと思っているのだろうか、あなたの国だけが栄えていくことを信じているのですか、だれかを恐れているのでは……」と、言いたい。

九月四日の報道によれば、北朝鮮は、「電磁パルス攻撃」の実現可能にさえ言及している。かつて、アメリカが、太平洋上で「水爆実験」をしたとき、一四〇〇キロ離れたハワイ全島が停電したと言う。いつか見た映画を思い出した。映像ではあるが、「電磁パルス」の電磁波は、上空三〇〜四〇キロで爆破すると、地上の生活施設、機能の大半が破壊され、生命の九割が殺傷される、と。世界の事件、戦争には、必ず、相互の言い分、主張がある。

しかし、今日、九月三日の六回目の「原爆実験」は、「ＩＣＢＭ搭載用の水爆」と主張している。こんなものを、本当に使用するのか。

今日、二〇一七（平成29）年九月四日、ニューヨークの「国連安全保障理事会」で、北朝鮮への制裁強化の決議が始まるが、その焦点は「北朝鮮への軍事目的の石油の輸出制限」である。

日米、英仏の理事国と韓国は、「制裁強化」を求めるようだが、常任理事国の中国とロシアは、権益・国益、何よりも「憂国」として、「石油の輸出制限」には賛同しないだろう。決議の発表は九月一一日だが。

石油を止められ、無謀な戦争を起こしてしまった日本である。どんなことがあっても始めてはならない「戦争」である。共に滅びてしまうのです。

記述のおわりに

平成二九（二〇一七）年七月六日、新湊中学校三年生に「総合的な学習」の時間として、「太平洋戦争下の新湊」について話をしたが、「はじめに」記したように、納得のいかない、不本意なものであった。「申し訳ない」と思い、この冊子の仕事に取り組んだ。

約二か月半かかってようやく原稿の目途がついたが、途中、何度も止めようかと思った。私なりに、これは、と思う著書数冊を机上に置いて、繰り返し、繰り返し読んで参考にしたが、一つの事項、事態について、かなり見解の異なる表記もある。ある高校の先生が「近現代史、特に、現代史は、こわくて教えられない」と、言われたことが分かるけれども、戦後七二年を経たあの「太平洋戦争」が、「どうして起きたのか、なぜ長引いたのか」よく考えてみなければならないと思う。

「太平洋戦争」は突然起きたのではない。明治維新によって世界の大海に乗り出した日本、「富国強兵」の国政の舵の基に、国民はよく努めたが、世界列強の「帝国主義」「資本主義」などの大きな渦巻きから抜け出せなかった。世界平和は難しい。国連の理念も、相互の国益固持の対立では、絵空事になってしまう。「どんなことがあっても、戦争はだめです」。


この冊子は、記録誌、参考書的なものを、と意図して進めたが、一貫性のないものになってしまった。また、事態のまとめ方も、相互の連系に欠ける表記になった。より重要な事態を書き落としていたり、重複していたり、とても整理しきれなかった。

さらに、一つの事態、事件、まして戦争は、国の政治・経済・産業・文化など、多岐にわたる要因の絡みによって形成、決定されるものであるから、明解に表記することはきわめて難しいと考える。

私の分際で、この困難なしごとに取り組んだこと自体、自分ながらの相変わらずの「業」というものかもしれない。

戦争の記述は、どうしても残酷な言葉や表現が多いが、できるだけ用いないようにした。また、事件、事態に関する「人名」はできるだけ表記しないようにした。

戦後、今日に至るまで、「太平洋戦争」について、各界の方々の多くの著述が上梓されている。この先達の努力が、今後の日本に、真に生かされていくことを、念願するばかりです。

生徒のみなさん、どこかにこの冊子を置いてくださって、機会があったら読んでみてください。

終わりに、改めて、この冊子の出版に際して、桂書房の勝山敏一氏から、諸般にわたってご指導、ご尽力いただいたことに、厚くお礼申し上げます。

参考とした文献の主なもの

『近代日本史の基礎知識』藤原彰・今井清一・大江志乃夫編、有斐閣ブックス
昭和四七・九・三〇発行
『「太平洋戦争」開戦から講和まで』年報・近代日本研究会　4―一九八二・一〇・二〇
『検証　戦争責任　I・II』読売新聞　戦争責任検証委員会、中央公論社
二〇〇六・一〇・一〇
『日中一五年戦争』（上）（中）（下）黒羽清隆　教育社、一九七七・一〇・一五
『昭和史全記録』一九二六〜一九八九　毎日新聞社　一九八九・三・五
『昭和史の瞬間』上・下　朝日ジャーナル編　加藤秀俊・臼井勝美　朝日新聞社
一九七四・七・二〇
『張学良の昭和史最後の証言』NHK取材班　臼井勝美　角川書店　平成三・八・一
『国際政治下の近代日本』近現代　宮地正人　山川出版社　一九八七・九・一四
『あの戦争は何だったのか』大人のための歴史教科書　保坂正康　新潮社
二〇〇五・七・二〇

『昭和天皇とその時代』升味準之輔　山川出版社　一九九八・五・一〇
『文藝春秋にみる昭和史』第一巻　文藝春秋　一九八八・一・一〇
『ノモンハンの夏』半藤一利　文藝春秋　二〇〇一・二〇・一〇
『大東亜戦争の実相』瀬島龍三　ＰＨＰ研究所　一九九八・七・二三
『司馬史観と太平洋戦争』潮匡人　ＰＨＰ研究所　二〇〇七・七・二
『この国のかたち』一〜六　司馬遼太郎　文藝春秋　一九九三〜二〇〇〇
『昭和という国家』司馬遼太郎　日本放送出版協会　一九九九・三・三〇
『韓国併合への道』呉善花　文藝春秋　平成一二・一・二〇
『新湊市史　近現代』新湊市　平成四年（一九九二）三月五日
等

主な経歴

出生　大正十三年五月十日　富山県射水郡堀岡村古明神二七二
昭和16年3月　　富山県立高岡高等女学校卒業
昭和18年3月　　富山県女子師範学校本科二部卒業
昭和18年4月　　高岡市立新湊東部国民学校（放生津小）訓導
昭和22年4月　　高岡市立新湊東部中学校教諭
昭和28年4月　　新湊市立新湊中部中学校教諭・新湊東部中学校教諭
昭和41年4月　　新湊市立七美小学校教頭・片口小学校教頭
昭和48年4月　　高岡教育事務所指導主事
昭和50年4月　　新湊市立中伏木小学校長
昭和52年4月　　高岡教育事務所指導課長
昭和53年4月　　新湊市立東明小学校長（本江・七美幼稚園長）55年3月（退職）
昭和48・53年　　富山県教科書採択審議委員

昭和55年4月　富山大学教育学窓会理事・副会長
昭和59年4月　富山県退職校長会理事・副会長
昭和56〜59年　文教大学教育学部校外講師
昭和56・59年〜　富山近代史研究会員　北前研究会副会長
昭和55年4月〜58年6月
新湊市企画広報室嘱託
昭和63年4月〜平成4年3月
新湊市教育委員会嘱託
昭和56〜59年　新湊商工会議所審議委員

主な著書

共著　富山新港史　吉田実とその時代　見る新湊近代百年小史
富山県女性史　新湊市史―近現代―　ビジュアル富山百科
説明文のかんどころ
富山大百科事典　みんなで語ろう富山の昭和史
とやま近代化ものがたり　富山県の漁業と流通
富山商船高等専門学校百年史　説明文のプログラム教材集
編著　伏木海陸運送㈱五十年史　日本鋼管富山製造所八十年史
以静―企業と茶道に生きて　憶卯尾田毅太郎
富山の女性で初めての医学博士・佐藤やい
警察医伊藤梅雨子女史　新湊独立運動の思い出
とやま北前船の変遷　馬場はるの生涯
私たちの教育提言―世紀送迎の辞（自費出版）　日が暮れる

あの太平洋戦争はどうして起きたのか
十五年戦争下に生きて

2017年11月10日　初版発行

定価　1,000円+税

著　者　松　下　ナミ子
発行者　勝　山　敏　一

発行所　桂　書　房
〒930-0103 富山市北代3683-11
電話 076-434-4600
FAX 076-434-4617

印刷／モリモト印刷株式会社

ISBN 978-4-86627-039-5

地方小出版流通センター扱い